*Bibliografische Information der Deutschen Natio-
nalbibliothek: Die Deutsche Nationalbibliothek
verzeichnet diese Publikation in der Deutschen
Nationalbibliografie; detaillierte bibliografische
Daten sind im Internet über www.dnb.de abruf-
bar.*

Herstellung und Verlag:

BoD- Books on Demand, Norderstedt

ISBN: 9783751916226

„Weil ich und ihr
wir sind
und
du und ich
wir
waren"

Ich erinnere mich an einen bestimmten Augenblick in meinem Leben. Es war in der Woche, in der ich zwischen den Bergen in Südtirol auf meinem kleinen Hotelbalkon saß.

Aus irgendeinem Grund dachte ich, Südtirol würde der Ort werden, an dem ich etwas Neuem begegne. Etwas, das vielleicht mein Leben verändern wird.

EINFÜHRUNG Ein starker Wind und schwarze Wolken zogen über Meran ein. Ich ließ mich auf meinem Balkonstuhl nieder und schrieb weiter an meinen Gedanken, so lange, bis ich meine Hand nicht mehr spüren konnte und die Finger sich langsam vom Tippen verkrampften. Ich klappte den Laptop zu, lehnte die Stuhllehne weiter nach hinten und blickte in den Himmel. Ich starrte nach oben, als würde dort etwas zu sehen sein, was ich noch nie sah. Ich folgte den Wolken, die sich so schnell fortbewegten.

Faszinierend. Je bewusster man in den Himmel blickt, desto schneller nimmt alles seinen Lauf. Die Berge, die sich unter den Wolken erstreckten, sahen durch meine Augen immer aus wie Riesen, die seit Jahrhunderten schlafen.

So dachte ich schon als Kind, wenn ich vor den gigantischen Teilen stand und meinen Kopf so weit nach hinten senken musste, um den Gipfel zu erblicken.

Ich war gefesselt an die Schönheit der Natur, die ich das erste Mal auf eine andere Art und Weise wirklich zu bewundern wusste. Aus meinen Kopfhörern ertönte mein Lieblingslied „Slow it down" von „The Lumineers".
Irgendetwas passierte in dem Moment. Es war wie ein Windstoß, ganz sanft aber mit einem tiefholenden Atemzug.
Es war, als würde ein gewisser Schalter, der mein jetziges Leben aufwies, einfach umschalten.
Ich saß eine Weile einfach nur da und erstellte mir am Himmel eine Leinwand meines Lebens, ein Bild meiner Mitmenschen und ein Drehbuch meines Selbst. Ich weiß nicht, was genau in diesem Moment passiert, doch mit der Zeit wurde mir etwas bewusst, worüber ich mir so nie Gedanken machte.

Es war, als stände ich mein ganzes Leben lang vor einem dichten Nebel. Hinter dem Nebel, wenn man wissen möchte was sich dahinter befindet, liegt eine bunte Welt.
In dem Nebel durchzieht sich eine Scheinwelt. Eine Welt voller Vorschriften und von uns erwartete Ziele und Taten.

Natürlich war mir bewusst, was sich hinter dem Nebel befindet. Ein Leben, wie ich es gerne hätte. Ein Leben, wie es die berühmtesten Menschen führen. Ein Leben, in dem man durch wenig Bewirkung alles bekommt, was einem ermöglicht durch die ganze Welt zu stolzieren.

Weiter in den Himmel starrend, erkannte ich auf einmal einen Regenbogen, der immer mehr seine Form annahm. Noch nie in meinem Leben hatte ich einen Regenbogen entstehen sehen. Es war eines der schönsten Ereignisse.

In Gedanken griff ich zurück auf den Nebel. Weiterhin dachte ich darüber nach und erkannte etwas. Die bunte Welt, sie liegt hinter dem Nebel. So dachte ich zumindest. Der Nebel besitzt alles, was ich erreichen soll. Wenn ich all die großgesetzten Ziele in meinem Leben erreicht habe, die mir schon seit meiner Kindheit eingeprägt wurden, dann erreiche ich diese bunte Welt dahinter. Wenn ich diese Ziele habe, kann ich auch diesen vielfältigen Planeten erkunden und mein Leben wird voller Glück sein.

Es hört sich nach einem Lauf des Lebens an, der einem Wunderschönes ermöglichen kann.

Man sollte doch nur den Führerschein besitzen, ein Dach über dem Kopf haben, gesund sein, einen guten Schulabschluss schaffen, die Ausbildung durchziehen und dann sein restliches Leben sehr gut Geld verdienen, um dann mit 65 Jahren eine Weltreise machen zu können, weil dann auf einmal die Zeit keine Rolle mehr spielt. Man wartet nur noch auf den Tod, denn alles was davor geschieht, hat man erreicht und kann nun mit dem Partner die Welt mit einem Wohnmobil bereisen.

Man kann sich *die* Träume erfüllen, die man immer auf morgen schob und die einem wegen der Zeit verloren gingen.

Diese Richtung ist es, um sich kaufen zu können was man möchte und um sich zu ermöglichen, was man immer wollte.

Nach genau diesem Ablauf lebte ich mein Leben. Er erschien mir am einfachsten. Viele Menschen gehen diesen Weg und erwähnen bei ihrem letzten Atemzug, dass sie *gelebt* haben.

In diesen Momenten der Ruhe und des Alleinseins erkannte ich aber, dass ich am Nebel vorbeigehen wollte, ohne ihn zu durchqueren.

Ich erkannte, dass ich nicht nach diesem Konzept aufwachsen möchte.

Mein Leben lang saß ich auf dem Stuhl vor dem Nebel. Ich sehnte mich nach einem sorgenlosen

Leben. Ein Leben voller Reichtum, Anerkennung, Liebe und Glück.

Ich wollte das, was ohne Mühe unerreichbar ist.

Doch an diesem Tag stand ich von dem Stuhl auf und ging, ohne darüber nachzudenken wer mir folgen wird oder was ich auf meinem Weg verlieren werde, in eine andere Richtung. Nicht auf den Nebel zu und nicht zurück. Ich erschuf mir meine eigene Richtung.

Ich weiß nicht, was ich im Moment dachte, doch ich weiß was ich im Moment wusste.

Dieses Leben, das mir gegeben wurde, möchte, dass ich es zum *Leben* benutze und nicht nur um *am* Leben zu sein.

Ich liebte die Ruhe, die mich begleitete. Die Perspektive auf die Welt, die ich in diesem Moment durch meine Augen sah, wirkte auf mich größer als sonst.

Und je größer meine Perspektive auf die Welt wurde, desto kleiner erschienen mir die Probleme, die mich begleiteten.

Es wird gesagt, dass das Leben ein letztes Mal an uns vorbeizieht, wenn wir sterben.

Ich sehe das anders. Ich glaube, dass das Leben auch an uns vorbeiziehen kann, wenn wir mit beiden Beinen lebendig auf der Erde stehen.

Es gibt da einen bestimmten Punkt, der sich in vielen der Menschenbilder wiederspiegelt.

Der Punkt, den wir selbst als „*Ort des Nachdenkens*" bezeichnen. Wenn wir uns selbst an diesem Ort begegnen, um seelische Schmerzen zu verarbeiten oder um nachzudenken, werden wir von unseren eigenen Gedanken und Gefühlen beeinflusst. Nachdem wir einen Schritt zurück in die Zivilisation machen, können die bedrückenden Gedanken ein Teil unseres Lebens und ein seelischer Begleiter werden.

Der Mensch, der uns verletzt hat oder der Mensch, den wir geliebt haben.

Sie alle werden Begleiter unseres Denkens.

Das kann der Punkt sein, an dem wir langsam vergessen, was sich eigentlich alles Faszinierende vor unseren Augen befindet.

Wir sehen es aber sehen nicht hin.

Ich möchte versuchen hinzusehen. Ich möchte die Menschen, die Erde, das Leben und mich selbst *wahrnehmen*.

Ich möchte kein Ziel mehr erreichen. Ich möchte den Weg finden und darauf bleiben. Ich möchte meinen eigenen Weg legen, wie eine Landkarte vom Kopf bis in die Seele.

Ich frage mich, ob man herausfinden kann, wer man wirklich ist. Ich frage mich, ob man wirklich gegen den Strom laufen kann.

Ich frage mich, ob wir wissen, dass nur wir selbst die Fähigkeit besitzen, etwas zu verarbeiten, solange wir uns auch mit dem Hindernis auseinandersetzen.

Wir selbst müssen uns die Frage stellen, ob das das Leben ist, das wir leben wollen und wenn nicht, welches Leben möchten wir dann leben?

Der leichte Windzug der von den Südtirolischen Alpen auf mich zu wehte, vermischt mit dem Gefühl allein hier- und an nichts gebunden zu sein, veränderte durch meinen Kopf die Welten, die sich auf unserer Erde befinden.

Ich wusste in diesem bestimmten Moment noch nicht, dass er zum Entscheidenden Punkt meines Lebens werden wird. Ich merkte, dass ich mich ab diesem Zeitpunkt nicht weiter auf mehrere Wegweiser konzentrierte, sondern nur auf den einzigen Weg, den ich ab diesem Tag kreieren wollte.

Das Ziel muss nicht immer der entscheidende Punkt sein, den wir erreichen wollen. Mein Ziel war es, herauszufinden mit welchen Erfüllungen ich meinen „neuen" Weg legen möchte.

Und dann werde ich diesen Weg vielleicht einfach so lange legen und gehen, bis das Ziel vielleicht einfach nur der Tag ist, an dem ich sterbe.

Viele Türen werden auf meinem Weg aufzufinden sein, die ich öffnen werde und etwas Neues sich auf mich wirken lässt.

Ich war am ersten Schritt eines neuen Lebens angekommen, doch davon wusste ich noch nicht.

Es passierte unbewusst.

Ich hielt inne und folgte den Strahlen der untergehenden Sonne. Ich beobachtete ein letztes Mal die Menschen, die unter mir vorbeigingen und sich unterhielten. Ich folgte den Klängen ihrer Stimme. Die meisten von ihnen gingen alle in dieselbe Richtung. Meinen Ohren wurde nichts an Ton mehr gegeben, nachdem die Türen der Kneipe jedes Mal aufs Neue wieder zu fielen.

Erneut dachte ich intensiv darüber nach. Je mehr ich mir darüber Gedanken machte, desto klarer wurde meine Sicht auf meinen Gedankengang.

In dieser großen Zivilisation streben wir oft nur in die eine Richtung. Wir sprechen es nicht laut aus, doch es ist das Ziel gesund zu bleiben; an einem warmen Sonnentag mit der Familie in einem kleinen idyllischen Garten zu gedeihen; Geld im Gewissen zu haben mit dem man ein Leben lang über die Runden kommen kann und letztendlich im Kreise seiner Liebsten Abschied von der Erde zu nehmen.

Wir leben für diese großgesetzten Ziele.

Wir kommen auf diesen großen- aber doch so kleinen Planeten und werden für unsere Vorfahren ein Experiment. Sie lieben uns und wollen nur das Beste für uns. Das wir einmal erfolgreich im Leben stehen, mit einem gut bezahlten Job und das uns das Glück immer an unserer Seite begleitet.

Das ist das was sie uns wünschen und worauf sie uns vorbereiten.

Ich fühlte mich allein. Ich war allein hier und machte Urlaub, wie man es bezeichnen mag. Es machte mir nichts aus. Ich liebte die Ruhe und wartete darauf bis sie mich erschlug, doch nie kam es dazu.

Es war still und niemand war hier, nur ich selbst war hier.

Ich merkte, dass das was ich sah, dachte und mich durchfuhr auf einmal einen kleinen und noch etwas undurchsichtigen Sinn ergab. Ich fühlte mich nicht körperlich allein. Ich denke, ich war nur die einzige Person, die sich auf einmal darüber Gedanken machte, wo das Leben anfängt und wo es aufhört.

Ich frage mich aber, was ein normaler Menschenverstand ist und ob dieser Verstand letztendlich daraus besteht diese großgesetzten Ziele zu erreichen und um glücklich zu sein.

Auch ich dachte nie anders. Einen „normalen" Menschenverstand hatte auch ich.

Ich weiß nicht wann dieser Schalter auf einmal umfällt und alles einem mehr Durchblick verschafft, der dann aber plötzlich alles auf einmal verändern kann.

Ab dem Tag, an dem ich zurück von meiner Reise war, war ich mir sicher.

Ich *wusste es.*

Ich möchte nicht dem Strom folgen und nur in diese eine einzige Richtung gehen. Ich schlage mir in den Kopf, dass es eine andere Richtung geben muss. Aber gibt es sie? Ich möchte herausfinden, wie es ist, gegen den Strom zu schwimmen und die Liebe seines eigenen Lebens zu werden. Es klingt mir, als sei dies alles unmöglich.

Ich möchte mich nicht mehr mit diesem Leben zufrieden-geben, dass eigentlich nur ein durchschnittliches Leben ist.

Ich möchte nicht wie diese unzähligen von aufwachsenden Wesen leben.

Ich möchte etwas Großes werden. Ich möchte jemand werden, der sich durch sich selbst inspiriert.

Ich möchte zu meiner eigenen Inspiration werden.

Ich möchte andere Menschen dazu bewegen ihre eigene Inspiration zu werden. Wir sind für etwas Einzigartiges geschaffen, doch ich weiß noch nicht wie so etwas funktionieren soll.

Die durchschnittliche (Schein-)Welt wurde mir eingepflanzt und die Welt dahinter, schaute ich mir an den Berühmtheiten unserer Menschheit ab.

Jeder hatte ein erfüllteres Leben als ich.

Das Leben anderer war immer bunter als meins. Ich wollte das, was andere haben.

Ich wollte sein, wie andere.

Es gibt ihn. Diesen Sinn zum Leben, von dem Schriftsteller berichten.

Für mich ist es zu wenig zu fragen, was dieser Sinn zu Leben eigentlich ist. Ich möchte es herausfinden. Mein ganzes Leben lang.

Aber ich glaube, es gibt keine Antwort darauf. Wir sind unser eigener Sinn und es ist unser Leben.

Vielleicht besteht der Sinn des Lebens aber auch darin, herauszufinden was sein eigener Sinn zum Leben ist.

Es gibt keine Türen, die sich aus dem Nichts öffnen. Wir besitzen die Schlüssel zu jedem einzelnen Schlüsselloch und wir öffnen und schließen die Türen.

Das Bewusstsein darüber zu erlangen, dass man das Skript seines Lebens ja ganz allein schreiben kann, ist durch meine Augen, ein faszinierendes Geschenk, um ein Leben zu füllen, das verschiedene Kapitel beinhaltet.

Um die Welt bunt anzumalen, wie es einem gefällt. Und um das Leben zu erleben, um es leben zu können.

Das Bewusstsein über sein eigenes Leben und sein eigenes Drehbuch zu erlangen, ist eine Kunst, die nicht zu sehen aber zu erleben ist.

Findet man diese Kunst, findet man sich selbst.

Ab heute werde ich endlich versuchen mein Leben als *meines* zu sehen.

Ich will nicht atmen, um *am* Leben zu sein.

Ich will atmen *für* mein Leben.

Ich möchte die Welt, das Leben, die Menschen und mich *er-leben*.

„Weil ich und du, wir wurden, hast du mich ver-
stehen lassen, wie es ist einen Menschen aus
Schicksal zu treffen.
Aber du sagtest, dass du nicht an das Schicksal
glaubst. Du sagtest, dass du an die Fügungen im
Leben glaubst.
Das war dein Glauben.
Du hast ihn zu meinem Glauben lassen werden.
Denn auf einmal, glaubte ich nicht mehr an das
Schicksal, dich getroffen zu haben.
Es musste irgendwann passieren.
Denn wärst du nicht passiert,
wäre ich nicht passiert.“

1. MENSCHEN

Es ist unmöglich *Menschen* zu beschreiben.

Jeder von ihnen ist einzigartig.

Jeden Tag begegnet man ihnen. Überall sind sie verloren und überall sind sie behalten.

Jeden Tag um jede Uhrzeit laufen die Menschen in unserem Blickfeld kreuz und quer umher.

Von Termin zu Termin. Von Liebe zu Hass.

Die sichtbaren Menschen in Eile und die nicht zusehenden Menschen in Ruhe.

Menschen sind hier und Menschen sind dort und dennoch sind wir alle an einem Ort.

Es ist unerklärlich wie jeder Mensch so individuell ist, aber es dennoch Seelenverwandte gibt.

Ich nahm den Wert von jedem Menschen nie wirklich wahr, bis zu dem Tag, an dem ich meinen eigenen Wert erkannte.

Seit ich auf dieser Welt sein darf, waren immer Menschen an meiner Seite.

Menschen sind für einander da. Menschen wollen anderen Menschen etwas Gutes tun.

Sich selbst geben die Menschen nur selten Gutes.

Menschen erfreuen sich aber an dem Gutes tun für einen anderen. Sie haben jemandem anderen etwas Gutes getan. Das gibt ihnen selbst das Gefühl, dass sie ein guter Mensch sind.

Jeder Alltag meines Lebens ist in Begleitung von Menschen.

Ich werde jedoch versuchen, die Menschen in meinem Blickfeld mehr wahrzunehmen. Ich möchte ihnen das Gefühl geben, dass sie richtig sind. Ich möchte ihnen mit einem Gruß danken, dass sie mir etwas ermöglichen konnten. Sei es ein Verkäufer, eine Bedienung oder ein Arzt.

Manchmal kann ein Fremder, für einen kleinen Moment, ein Freund sein. Nur ein netter Wortwechsel zwischen mir und einem Fremden, kann mir noch lange danach im Kopf bleiben.

Menschen wirken auf mich so faszinierend und anziehend.

Vielleicht kann ich damit Gutes bewirken, indem ich Fremden kurz unter den Arm greife oder ihnen einen schönen Tag wünsche.

Ich glaube fest daran, dass sie sich für eine kurze Zeit merken, wenn ein Fremder auf sie wertschätzend wirkte.

Selbst in Momenten, wo ich allein in zwischen den Gebirgen sein möchte und der Natur folge, freue ich mich, wenn ich den Menschen begegne.

Menschen gehen allein. Menschen machen mit ihrer Familie einen Ausflug. Ältere Generationen helfen sich gegenseitig den Weg, ohne zu Fallen, zu besteigen.

Menschen geben uns Sicherheit, auch wenn wir uns verloren fühlen oder vom Weg abkommen.

Menschen, ob Freunde oder Rivalen, leiten uns in die unterschiedlichsten Richtungen.

Menschen machen andere Menschen aus.

Menschen haben individuelle Eigenschaften, die sie unterscheiden lassen.

Menschen haben Angst.

Menschen sind traurig und glücklich.

Menschen lieben und verletzten.

Menschen sind von allem etwas und dennoch einzigartig.

Ich werde immer für die Menschen da sein.

Ich werde ihnen helfen den Weg wiederzufinden und ich hoffe, dass die Menschen auch mir helfen, wenn ich meinen Weg verliere.

Ich werde auf die Menschen zugehen und ihnen zeigen, dass sie nicht einsam sein müssen.

Ich werde Menschen aufnehmen und gehen lassen.

Menschen werden immer einen großen Platz in meinem Leben füllen.

Ein *Mensch zu sein* ist ein großes Geschenk.

Die meisten besitzen die Möglichkeit sich frei zu bewegen.

Wir können dem Strom folgen, dem wir folgen sollten.

Wir können unsere Eltern stolz machen und ein guter Freund sein.

Wir können das erreichen, was uns vorgeschrieben wird.

Wir können einen Beruf wählen, der uns glücklich macht.

Wir sollten aber auch einen erfolgreichen Beruf haben.

Wir können aber auch einen Beruf haben, den wir mit Leidenschaft ausführen.

Wir können uns Entscheidungen abnehmen lassen oder selbst entscheiden.

Wir können zwar dem Strom folgen, aber wir können auch gegen ihn laufen.

Wir selbst können entscheiden, wen und was wir lieben möchten.

Wir Menschen fühlen uns, als würden wir das Leben spüren und am nächsten Tag, als würden wir tausend Tode sterben und dennoch atmen wir weiter.

Bis zum Ende.

2. SCHAUKEL

Das Gefühl *am* Leben zu sein, fühlte sich manchmal wie das Schaukeln an.

Schon als Kind liebte ich es zu Schaukeln. Damals besaßen wir die Zeit und wurden nicht vom Stress vertrieben.

Schaukeln gab mir nicht nur das Gefühl, als könnte ich über den Dingen schweben und fliegen wie ein Vogel.

Es waren eher die unterschiedlichen Gefühle, die sich in meinem Bauch zusammenmischten.

Beim rückwärts Fliegen war ein gewisses Übelkeitsgefühl im Bauch. Die Bewegung und die Energie meiner Beine zogen mich wieder nach vorne. Die entgegenkommende Luft ließen mich voller Kraft wieder aufatmen, bis es wieder zurück ging und es mir wieder schlechter ging.

Ich konnte den Lauf nicht durchbrechen. So war der Lauf und es gab nur diese beiden Richtungen.

Es ging immer nur vor und zurück.

Ich glaube, dass das Leben wie das Schaukeln sein kann.

Mit Energie, Kraft und Liebe ziehen wir uns nach vorne und halten an diesem Zustand so sehr es geht fest.

Menschen passieren Schicksalsschläge oder unerwartete Fügungen und es lässt sie in das *Zurück* schaukeln.

Sie fallen und fallen.

In dem Zustand des Unglücks verändern wir uns.

Wir verändern uns oder gehen durch Veränderungen.

Wir lernen dazu oder streichen negative Dinge oder Menschen aus unserem Leben.

Wenn der Prozess des Verarbeitens, Verändern, Herausfinden und Erlernen zu Ende geht, ziehen wir uns mit anderen Werten wieder nach vorne.

Jeder wird seine eigenen Werte herausfinden.

Ich frage mich aber, was passiert, wenn wir am Höhepunkt des Laufs einfach von der Schaukel abspringen und die Richtung selbst entscheiden?

„*Du hast mir nie erklärt, wie man sich selbst liebt oder wertschätzt.*

Du hast von deinem eigenen Prozess erzählt.

Du hast mich selbst durch deine Augen sehen lassen.

Du hast mir nie gesagt, wie man sich selbst liebt und schützt.

Du wolltest mir lernen, wie man sich selbst schützt.

Du hattest Vertrauen in mich, das hattest du immer. Wenn ich drohte zu fallen, wusstest du, dass du mein Anker bist.

Du bist davon nie weggerannt.

Du bist geblieben.

Bis zum letzten Tag.

Ich möchte dir heute damit sagen, dass ich versuchen werde ein Mensch zu sein, wie du es für mich warst.

Das was du für mich warst, möchte ich versuchen für andere Menschen zu sein.

Ich werde meine Geschichte, an die Menschen weitergeben, so wie du deine Geschichte an mich weitergabst.

Ich glaube daran, dass man Menschen mit seiner eigenen Geschichte etwas helfen kann."

*Meine innere Liebe wird niemals so groß sein, wie
deine.*

Ich würde Menschen nach schneller Zeit verlassen, wenn sie mich verletzen.

Du aber bist geblieben. Du hast mich immer festgehalten und ich habe es oft nicht gesehen.

*Der Moment, indem du merktest was du wirklich
alles für mich bist, war der Moment, indem ich
unsere Verbindung zerbrechen habe sehen.*

Unsere Seelen waren tief verbunden.

Das wusstest du früher als ich.

Aber heute weiß ich es auch, denn ich fühle deinen Schmerz, den ich dir gegeben habe.

*Keine Dankbarkeit dieser Welt beschreibt meine
wirkliche Dankbarkeit an dich.*

*Keine Entschuldigung dieser Welt drückt wirklich
aus, wie sehr ich die Schuld spüre.*

*Du musst wissen, dass das Leben, das ich führte,
die Menschen, die ich liebte und die Person, die
ich war, sich veränderte, nur weil du in mein Leben tratst.*

*Du hast mir geholfen, selbst zu verstehen,
selbst zu sehen
und selbst zu tun."*

3. ZIELE

Ich kam von Südtirol zurück und ab dem Tag an, begannen sich meine Gedanken zu verändern.
Ich stellte vieles, wenn nicht sogar alles, in Frage.
Ich wollte mich nicht mehr mit einem Zustand zufriedengeben, der nur lediglich in Ordnung war.
Deshalb war es gut, dass ich anfing zu hinterfragen und mit anderen Augen zu sehen.

3.1 Bereuen

Ich wollte dem Bild, das sich andere von mir machten, nicht mehr entsprechen. Sei es positiv oder negativ.
Ich wollte mir entsprechen.
Oft griff ich in Gedanken auf meine Zeit vor Südtirol zu. Ich kann mich jedoch nur noch an Bruchstücke erinnern, wie das Leben zuvor verlief.
Vor der Erkenntnis die Zwecke zum Leben finden zu wollen.
Ich meine damit nicht, dass ich mich nicht daran erinnern kann, was ich alles unternommen habe.
Ich versuche mich daran zu erinnern, was für eine Art Mensch ich war.
Viele Menschen behaupten, sie würden bereuen was sie alles getan haben, bevor ihnen bewusst

wurde, dass so viel mehr dahintersteckte oder das es falsch war, wie sie handelten.

Ich finde, dass auch der Junge oder das Mädchen, das man einmal liebte und dessen Verlust dieses Menschen einen auf den Boden fielen ließ, eine Lebenssituation war, die nicht zu bereuen sein sollte. Dieses bestimmte Gefühl von diesem ganz besonderen Menschen, war nämlich genau das, was man einmal am meisten brauchte.

Wir rennen immer in Richtung Liebe und Glück. Und manchmal, wenn wir es am wenigsten Erwarten, erreichen wir es.
Aber manchmal verlässt es uns wieder, obwohl wir nur erfahren wollten, wie es ist, dem Glück und der Liebe so nahe zu stehen.

3.2 Es ist zu vollbringen

Das Leben, das ich führte, war eins, dass jeder führte. Damit sind nicht die Interessen gemeint, sondern die Ziele, die man irgendwie vor Augen hatte. Ich erwähnte es in den Zeilen zuvor, denn ich finde, dass die Ziele und Erwartungen von Menschen ein Teil davon sind, wie sie aufwachsen.

Und ich glaube, dass ich so gerade herausgefunden habe, welche Art Mensch ich war.

Eine an die Zivilisation angepasste Person.

Ich war angepasst, denn ich wollte und machte meine Eltern und meine Mitmenschen stolz, aber nie mich selbst.

Ich sah es als meine Pflicht, die vorgeschriebenen Dinge im Leben zu erreichen, um eine sorglose Zukunft zu haben.

Mit der Zeit bemerkte ich aber, dass ich diesem Leben nicht mehr folgen möchte.

Mir fiel auf, dass es heutzutage darum geht, in einem bestimmten Alter etwas erreicht zu haben.

Mit achtzehn einen Führerschein besitzen. Nach der Schule weiter auf die Schule gehen oder eine Ausbildung anfangen. Geld sparen, für ein Auto oder für das zukünftige Haus, indem man leben wird.

Es ist eine Reihenfolge, die man über sein ganzes Leben irgendwie abarbeiten sollte. Niemand ist sich darüber bewusst, weil es die Normalität der Gesellschaft definiert.

Genau nach diesem Konzept und diesem Prinzip agierte ich. Mein Leben, das ich als toll empfand, galt eigentlich nur dem Durchschnitt.

Ich hatte Liebeskummer und die Mittel zum Vergessen waren der Alkohol. Ich lebte für die Wochenenden und hatte keine Motivation früh morgens aufzustehen.

Jeder Tag war wie jeder Tag zuvor.

Doch auch das „frühere Leben" bereue ich nicht, denn wenn ich ja mein Leben als toll empfand, dann musste es mich auch bestimmt glücklich gemacht haben.

3.3 Angst

Vor Monaten beobachtete ich eine Situation, die als überaus normal bezeichnet wird.

Zwei meiner Freunde unterhielten sich darüber, dass sie jetzt beide bald volljährig sind und den Führerschein aber noch machen müssen. Damals sah ich noch keinen großen Unterschied zwischen *wollen* und *müssen*. Die Freunde, die sich damals unterhielten, schienen ihr Leben als perfekt zu sehen. Sie waren in der Ausbildung; liebten es mit Freunden am Wochenende unterwegs zu sein; nach der Arbeit verbrachten sie ihre letzten

Tagesstunden mit Computer spielen und hatten beide eine Freundin an ihrer Seite.

Eltern würden jetzt sagen, dass es ja gut läuft bei ihnen.

Ihre „äußere Tätigkeiten" waren zwar der Welt angepasst, doch es entsprach alles nicht ihrer inneren Vorstellung von einem erfüllenden Leben.

Der eine von den Beiden *wollte* seinen Führerschein machen. Der andere jedoch fühlte sich gezwungen dazu. Es passte einfach nicht in seine jetzige Lebensvorstellung, deshalb beschwerte er sich bei jedem, der ihn auf seinen Lappen ansprach.

Mir ist aufgefallen, dass wenn wir über etwas wütend werden, sich eigentlich auch eine große Angst dahinter verbirgt. Man sieht was andere haben und es wird irgendwie von einem verlangt, es auch zu besitzen. Am Ende zählen meistens nicht die Zielpunkte der Menschheit, die man letztendlich erreichte, sondern nur welche Punkte man ausließ. Hatte man ein großes Haus mit einem Vermögen in der Tasche aber keine Möglichkeit Auto zu fahren, wurde es vielleicht nicht als vollbracht angesehen. Das können allerdings nur die Menschen bestätigen, die es so erlebten.

Ich glaube manchmal, dass sich der Junge nicht darüber beklagte, dass er das jetzt unbedingt hätte durchziehen müssen, sondern weil er Angst vor dem außenstehenden Gerede hatte. Am meisten vor dem seiner Eltern.

Hinter jeder Wut versteckt sich die Angst, die uns aber nicht vor Augen ist.

Es ist dasselbe wie mit der Politik. Wir hören zu und reden darüber. Wir ärgern uns darüber, dass Politiker ein Thema angehen, das in unseren Augen total falsch gelöst wird.

Ich glaube, dass unsere Angst vor den Folgen dabei heraussticht.

Angenommen alles bleibt wie es ist, könnte es Auswirkungen auf jeden einzelnen Menschen haben. Das ist die Angst, die sich dabei zeigt.

Angst davor, die Folgen selbst zu spüren.

Lange Zeit beschäftigten mich all diese Hinterfragungen.

Doch es liegt nur im Auge des Betrachters.

Wir müssen uns anpassen.

Wir müssen uns zufrieden geben mit dem Leben, das wir führen und dem Beruf, der uns zusteht.

Wir müssen die Gefühle für Menschen, die uns verlassen, abstellen.

Wir müssen lernen mit Veränderungen umzugehen.

Wir müssen etwas haben und jemand werden.

Sagen sie.

4. FRAGEN

Wer bist du und wer möchtest du sein?

Eine solche Frage wird uns mindestens einmal im Leben gestellt, wenn wir nervös ein Vorstellungsgespräch antreten. Ich heiße so und so und bin 19 Jahre alt und wohne hier irgendwo. Die Frage, wer man denn am liebsten sein möchte, stellt man sich weniger. Oft verknüpft man diese Frage mit der Unzufriedenheit zu sich selbst. Man würde gerne so aussehen, weil so wie der- oder diejenige aussieht, würde man perfekt aussehen. Man würde gerne das und das haben, weil der- oder diejenige, scheint so glücklich zu sein mit dem was er oder sie hat.

Stellt man sich selbst so eine Frage muss man die Perspektive darauf jedoch verändern.

Wer bin ich? Wer möchte ich sein?

4.1 Die ersten Wochen

Ich kann mich genau an die ersten Wochen erinnern, als ich von meiner alleinigen Reise aus Südtirol zurückgekehrt war.

Ich war zurück im *realen* Leben. Ich war wieder inmitten des Trubels der Menschheit und im täglichen Ablauf der Arbeit.

Überall wo ich war und mit wem ich war, alles kam mir fremd vor.

Meiner Familie kam ich wie ausgewechselt vor und meine Freunde hörten nichts mehr von mir.

In dieser Zeit entwickelte sich für mich hinter jedem Gespräch, jeder Tat, jeden Mitmenschen, einfach hinter allem was sonst gewöhnlich für mich erschien, ein großes Fragezeichen.

Ich wurde von den vielen Fragezeichen angetrieben, die Antworten darauf zu finden.

Ich stellte auch mich selbst in Frage.

Wer bin ich denn und wer möchte ich am liebsten sein?

Ich stellte mir auch die Frage, wie man sich diese Fragen auf einmal stellen kann und vor allem, wie zur Hölle soll man darauf eine Antwort finden.

Ich kam zurück und lebte weiter wie zuvor, doch ich lebte mit mehr Bewusstsein. Mit mehr Wahrnehmung. Ich wusste, dass dies mein Leben um 180 Grad verändern könnte. Ich wusste jedoch nicht, dass ich mich dadurch auch sehr verändern werde.

Jeden Tag stellte ich etwas in Frage. Hinter den gewöhnlichsten Situationen und Dingen entwickelte sich eine Verwunderung. Ich wunderte mich über das Gewöhnlichste und auch über das Ungewöhnlichste. Meistens waren es nur ganz kleine Fragezeichen, die für andere als absolut irrelevant gelten würden.

Die erste Unklarheit, die zum Vorschein kam, war als mir einer meiner Freunde schrieb. Sie meinte, dass ich seitdem ich in Südtirol war, etwas anders rüberkomme und es mir sicher nicht gut gehen muss, da ich mich so sehr zurückziehe von allem und jedem.

Am wichtigsten muss man aber dazu sagen, dass sie erwähnte, dass sie für mich da sei, wenn was ist.

Was wird hineininterpretiert, wenn wir uns in der heutigen Zeit zurückziehen?

Zu dieser Frage fällt mir eine bestimmte Geschichte aus meiner Vergangenheit ein.

4.2 Ab-schalten

Ich besuchte eine lange Zeit viele Partys. Die meisten davon waren am Rande der Welt wo man sich nicht vorstellen konnte, dass hier überhaupt Leben entstehen. Damals scheuchten wir alle Leute zusammen und gaben unser Geld, das wir selbst nicht verdienen konnten, da wir noch auf die Schule gingen, für ein Getränk nach dem anderen aus. Die Gesetze spielten keine Rolle. Ausschank gab es für jeden.

Die Partys, die wir besuchten, waren aufgebaut auf einen etwas jüngeren Altersdurchschnitt.

Man trinkt, lacht, tanzt und schlägert sich auch hin und wieder.

Manchmal, wenn wir genauer hinsehen, erkennen wir Jugendliche in unserem Alter, die irgendwo in der Ecke stehen, bitterlich weinen oder das Gesicht in ihren Händen vergraben.

Sie ziehen sich zurück an einen etwas ruhigeren Ort und lassen alles heraus, wovon sie vielleicht der Alkohol erst einmal zurückhalten konnte.

Es wird gelacht, geschrien, diskutiert, geheimnisvolle Küsse ausgetauscht und Tränen vergossen.

Wir ziehen uns zurück, um *nicht gesehen zu werden aber wollen gesehen werden.*

Und wir, wir sehen hin, aber sehen es nicht.

Ich *sah* auf einer Party einmal einen jungen Kerl, der auf einer Mauer allein dasaß. Ich kannte ihn von der Schule und es interessierte mich einfach was mit ihm los war, dass er ganz allein dort saß. Ich fragte ihn bekümmert, ob es ihm denn gut ginge. Er antwortete mir:

„Hey du. Es geht mir sehr gut. Ich sitze hier einen kleinen Augenblick, um nachzudenken, zu genießen und um kurz allein zu sein."

Nachdem mich meine Freundin damals fragte, was mit mir los sei, da ich mich nicht mehr blicken ließ, musste ich an diesen Jungen denken. Auch ich bin auf ihn zugekommen mit der Sicherheit, dass es ihm bestimmt nicht gut geht.

Wenn wir uns an Orten des Trubels dazu entscheiden einen Moment allein zu sein, sehen wir in den Augen von mancher wie ein Außenseiter oder ein Opfer aus.

Manchmal wollen wir für ein paar Minuten allein sein, auch wenn wir uns an einem Ort der Gemeinschaft befinden.

Mein Grund des Zurückziehens war der gleiche als der von dem Jungen. Ich wollte Nachdenken, Lernen, Genießen und Herausfinden.

Und das alles, wollte ich ganz allein tun.

Ich frage mich, ob der Mensch wirklich so funktioniert aber auch von was er gesteuert wird. Kann es sein, dass unsere Geburt uns solche Fähigkeiten miteingepflanzt hat? Das wir vielleicht nicht darüber nachdenken etwas zu hinterfragen, sondern dass es einfach passiert?

4.3 Stoppen

Menschen werden von jeglichen Emotionen begleitet, die zum Grund unseres Zurückziehens werden. Ich habe in meiner Jugend viele meiner Mitmenschen zurückziehen und weinen sehen. Oft gehen die Außenstehenden mit einem auffälligen Blick vorbei und paar Meter später, fragen sie sich, was denn das Problem dessen Person ist.

Manchmal wollen wir jungen Menschen gerne sichtbare Auswege für unseren Schmerz oder unser Problem wählen.
Natürlich ist das nicht bei jedem so, dennoch bei vielen, mit denen ich gesprochen habe.

Wir sehen jemanden mit jemanden anderen und ziehen uns zurück. Wir sind traurig und wollen nicht gesehen werden. Wir wollen nur von diesem *einen bestimmten Menschen* wahrgenommen werden.
Menschen passieren schlimme Schicksalsschläge oder sie verlieren jemanden und das Einzige was man möchte,
ist zu vergessen.
Es gibt viele Auswege dafür, doch wenn wir an einen Ausweg denken, dann kann manchmal der Alkohol der Ausweg sein.

Wir starten einen Abend mit dem ersten Getränk und werden erst gestoppt, wenn wir vergessen wo wir sind. In dem Moment, in dem wir nach jedem Schluck etwas benommener werden, vergessen wir.

Wir stoppen den Schmerz.

Ich habe vielen Jugendlichen zugehört, die meinten, dass sie mit Hilfe des Alkohols vergessen.

Ich habe versucht zu definieren was Vergessen bedeutet. Es bedeutet, dass wir *es aus dem Gedächtnis verlieren.* Das wir es nicht behalten können und uns nichts mehr merken können.

Wenn wir vergessen, dann vergessen wir und es findet nicht mehr zu uns zurück.

Wir können tun und lassen was wir wollen, um dem Eigentlichen zu entkommen. Wir vergessen die Nacht aber wir vergessen die Vergangenheit nicht.

Wir selbst drücken auf Pause. Es dauert nicht lange und dann läuft es weiter.

Ich versuchte in den ersten Wochen nicht zu vergessen, sondern konzentrierte mich bewusst darauf. Es war das einzige, um wirklich einen Weg zu finden meine Ängste, meinen Schmerz und meine Blockaden zu besiegen.

Ich frage mich, wie man seine Ängste und Blockaden besiegt.

Was passiert, wenn wir vielleicht anfangen selbst die Ängste, den Schmerz und die Blockaden zu kontrollieren und nicht andersrum?

Der Kummer und Schmerz können unsere Seele bedrücken.

Man kann es wie eine Anleitung sehen. Das traurige- aber auch sehr besondere ist, dass jeder seine eigene Anleitung besitzt, um etwas zu verarbeiten.

Wir können den Menschen zwar sagen, wie sie jemanden vergessen *könnten* oder was sie tun *könnten*.

Ich glaube aber, dass jeder Mensch so individuell ist, dass jeder seine eigene Anleitung erstellt, um den *Tiefen* in den *Höhen* zu entkommen.

Ich erstellte auch meine eigene Anleitung.

Ich setze mich in einen Raum und beantworte mir selbst die Fragen, was oder wer mich bedrückt und konfrontiere mich selbst damit. Nicht unbewusst, sondern mit absolutem Bewusstsein. Einen gewollten zugelassenen Schmerz.

Ich weine für mich selbst. Ich weine niemandem hinterher. Ich lasse alles heraus, was ich zuvor in mir hielt.

Ich schalte alles ab und blende die Anker und Glücklichen Dinge für einen Atemzug aus. Man wird eine kurze Zeit allein auf sich gestellt sein und es wird nicht besser, wenn man jemandem von seiner Qual in diesem, für sich alleinigen, Moment erzählt.

Ich frage mich, ob es einen wirklich aufmuntert, wenn man ein *„Alles wird wieder Gut "* hört.

Es wird nicht gut werden, wenn man **nur** darauf wartet, bis die Zeit die Wunden geheilt hat.

Es wird nicht gut werden, wenn wir nur noch morgens aufstehen, um auf etwas- oder jemanden zu warten.

Wir müssen zu uns selbst auch sagen, dass alles wieder gut wird.

Man geht auf Partys, um einen bereuten Fehler auszublenden. Es passiert auf der Party wieder ein Fehler und er trägt sich am nächsten Tag mit in die Liste ein.

Man fühlt sich als würde man sterben, doch man lebt. Man wird tausend Tode sterben.

Einer, der sich dagegenstellt, stirbt nur *einen* Tod.

4.4 Bewusster Schmerz

Man konfrontiert sich für eine kurze Zeit selbst mit dem Schmerz und versucht herauszufinden durch was er ausgelöst wird und welche Lösungen es gibt, um herauszukommen. Es ist vielleicht etwas zu direkt, wenn ich es so bezeichne, doch oft sind junge Erwachsene damit beschäftigt, sich den Kopf über die Liebe zu zerbrechen.

Sie haben tausend Vorstellungen davon, wie sie dem Schicksalsschlag entkommen könnten. Die bevorzugteste Lösung ist, wenn die Person, die man liebt, einen das zurückgibt, was man sich von ihm erhofft und bitterlich erwünscht. Die andere bevorzugteste Lösung ist zu vergessen.

Diese Auswege und Lösungen können eintreten und auch eine Zeit lang bleiben. Was ist aber, wenn dieser angekommene Moment wieder verschwindet und verlässt?

Wird man dann zurück an den Anfang gebracht und macht dasselbe immer und immer wieder durch? Vielleicht nicht wegen derselben Person, aber wegen demselben Gefühl?

Die Tatsache sich zu verlieben, ängstigt mich ein, denn was ist, wenn ich mich verliebe aber die Person mir nichts davon zurückgeben kann.

Nach diesen Lösungen und Auswegen lebte auch ich als mich das Verlieben erreichte. Ich wünschte mir die Liebe des anderen, ja ich bettelte sogar darum.

Man würde alles tun, um dieses Gefühl nicht allein fühlen zu müssen und nicht mit Leere zu tragen.

Füllte jedoch jemand mein Gefühl mit seinem Gefühl und es entstand die Liebe, dann war ich der sorgenfreiste Mensch. Ich hatte das Gefühl, dass ich nun gegen den Rest der Welt kämpfen konnte, da ich mich so voller Energie fühlte. Ich wurde vervollständigt nur durch einen anderen Menschen.

Leider läuft es oft nicht so, wie man es sich sehnlichst erhofft.

Ich konnte nur noch Vollkommenheit spüren, wenn ich die Liebe an meiner Seite hatte.

Was ist also, wenn wir nur durch eine andere Person glücklich werden können?

Durch all die Zeiten, Erfahrungen und Lehren, die ich von Tag zu Tag mehr über das Leben erkenne, hat sich jedoch auch meine Perspektive zum Schmerz verändert.

Wenn wir eingesehen haben, woher der Schmerz kommt und warum er sich so verletzend anfühlt, beginnt der Prozess der Heilung.

Wenn man das Bewusstsein über seinen Schmerz, seinen Verlust oder seinen Problemen erlangt hat und man sich ein Bild von dem Schmerz gemacht hat, sollte man sich genau eine einzige Frage stellen.

„Ist das das Leben, das ich leben möchte? Ist das die Person, dessen Verlust mich mein ganzes Leben verfolgen wird? Ist es das was ich will? Was will ich noch, wenn ich das nicht haben kann?"

Das ist der Moment, indem man entschlossen beantworten sollte, dass man so nicht aufwachsen möchte.

Das ist nicht das, wofür man leben und erleben möchte.

Und genau in diesem Augenblick stehe ich auf, begib mich auf ein Abenteuer und finde heraus, was ich noch alles möchte und sein kann,
um glücklich zu sein.

4.5 Fazit (?)

Ich glaube, so arbeitet unser Selbst. Wir denken an eine schlechte Zeit unseres Freundes, wenn er sich eine Zeit lang nicht mehr blicken lässt.

Wir selbst denken, dass wir vergessen können, was geschah, doch das können wir nicht. Wir können nur anfangen, damit zu leben.

All das, glaube ich, ist normal. Ich glaube wir wurden dazu aufgezogen so zu reagieren und so zu agieren.

Ich war mir sicher, dass ich erst herausfinden musste wer ich bin, bevor ich mich meinen Ängsten und Problemen stelle. Irgendwie hielt ich an dem *„Vielleicht"* fest.

Vielleicht wenn ich herausgefunden habe wer ich bin, könnten sich meine Ängste und Probleme in meinem Wesen nicht mehr spiegeln.

Als ich anfing in die andere Richtung zu laufen, wurde mir bewusst, dass ich *mich finden* kann, indem dass ich eine Zeit lang allein gehe.

Und als ich anfing, mich auf mich selbst und auf mein Leben zu konzentrieren, veränderte sich auch meine Sicht auf die *begleitenden Gedanken und Gefühle*, ohne dass ich es wirklich bemerkte.

„Du sagtest einmal zu mir, dass das Leben nicht
einfach sei.

Du sagtest, dass jeder mit etwas oder jemandem
zu kämpfen hat.

Seitdem wir nicht mehr wir sind, habe ich verstanden.

Unsere Erinnerungen trage ich mit mir und
manchmal tun sie noch weh.

Ich möchte sie dennoch nicht vergessen, sondern
lerne gerade, mit einem Grinsen in der Erinnerung zu stehen. Und dies gelingt mir bis jetzt sehr
gut und darauf bin ich sehr stolz.

Du hattest Fragen für mich erschaffen.

Du hattest Fragen für mich beantwortet, ohne
dass ich sie stellte.

Deine Wortwahl war mein Wegweiser.

Du hattest immer die Definition für meine Frage
oder meine Leere.

Ich werde immer versuchen ein guter Mensch zu
sein, da du immer das Gute in mir sahst, dass ich
nicht sehen konnte.

Du sahst hin und sahst es.

Du hast versucht es mich sehen zu lassen
und jetzt sehe ich es.

Ich wünschte du würdest selbst sehen wollen, was
ich alles angefangen habe zu sehen.

Du wärst stolz auf mich, so wie ich es bin."

5. DAS GESPRÄCH

Es verging viel Zeit.

Ich begegnete jedem Tag neuen Lehren und neuen Leidenschaften. Ich lernte mich und die Menschen auf einer Ebene kennen, wie ich es niemals hätte erkennen können.

Ich kam in einen Zeitabschnitt, indem ich das Gefühl hatte, in einer Existenzkrise zu stecken. Ich hatte das Gefühl, dass ich keinen Platz auf dieser Welt finde und verstand nicht, wie andere Menschen ihren Platz längst gefunden haben. Doch ihr Platz war an der Seite ihrer Liebe oder einfach nur der Platz auf dem Planeten, auf dem wir eben leben. Die Menschen schienen glücklich zu sein mit dem Leben, das sie führten und das machte mich auch glücklich. Ich selbst wollte jedoch diesem Leben nicht mehr folgen.

Ich konnte oft meinen Kopf vor Fragen und Gedanken nicht mehr abstellen.

Die Fragen und Gedanken bezogen sich nicht speziell auf mein eigenes Leben, sondern auf das der anderen. Ich fragte mich, ob ich mir Sorgen um mich selbst machen sollte oder Sorgen um meine Mitmenschen.

Wer lebt jetzt das wahrere Leben?

Gibt es überhaupt ein wahres Leben oder steckt in jedem Wahr auch ein gewisses Falsch dahinter?

So zu denken war einerseits ein Geschenk aber auch ein kleiner gewisser Fluch.

Aber wenn man die Antwort darauf herausfindet, wird man genau wissen, *welchen* Platz man auf dieser Erde hat oder haben möchte.

Ich brauchte jemanden mit dem ich reden musste. Jemand, der nicht viel über einen weiß, aber dennoch die Fähigkeit besitzt, in das Innere der Menschen zu sehen.

Ich wusste, dass der einzige Mensch, der mich im Moment verstand, mein Hausarzt war. Ich erzählte ihm von meinem jetzigen Gedankenstand.

Immer wenn ich ihn sehe, danke ich der Welt, dass ich den speziellsten lustigsten Arzt habe, den es geben kann.

Nachdem ich ihm davon erzählte, wollte er sich noch mehr meiner Gedanken anhören.

Ich hatte kein Problem mit dem Gespräch, denn ich war mir sicher, dass irgendetwas nicht mit mir stimmte.

Und solange wir uns selbst über etwas sicher sind, kann niemand unsere Sicht darauf verändern.

Im Gespräch ging er nicht speziell auf meine „Gedankens-Krise" ein. Die Fragen, die er mir stellte, bezogen sich mehr auf mein Inneres. Er wollte wissen, was mich beschäftigt und was mich am Leben hält. Wofür ich lebe und was meine aktuelle Lebenseinstellung ist.

„Ich frage mich öfter zu was wir bestimmt sind. Ich verstehe nicht wieso meine Generation sich Ausbildungen aussucht, die sie im Tiefsten eigentlich nicht interessieren. Ich hoffe wirklich, dass die Menschen nicht einfach irgendein Beruf erlernen, sondern einen, der sie vielleicht etwas glücklich macht. Ich verließ die Schule und hatte keine Ahnung was ich machen wollte. Ich bildete mir ein, Polizistin zu werden. Ich hatte Stärken aber dachte nicht daran, sie zu meinem Beruf zu machen.

Heute arbeite ich mit Kindern im familiärsten Kindergarten überhaupt. Die Vorstellung einen Job sein Leben lang auszuüben, ängstigt mich bis heute ein. Uns bleibt oft keine Wahl, als nur die Firma zu übernehmen, die unsere Eltern aufstellten.

Wir sollen arbeiten, bis wir keine Kraft mehr haben.

Ich versuche mich von negativem zu entfernen und nur positives in mein Leben zu lassen. Ich möchte keinen Job, der mich viel verdienen lässt, aber mir schlaflose Nächte bringt. Ich habe gemerkt, dass die Arbeit mit Kindern, das ist was ich liebe und hoffe, dass ich es mein Leben lang lieben werde.

Ich kann mit den Kindern etwas Gutes bewirken und es lässt mich auch wieder Kind sein. Das ist das was mich glücklich macht. Ich möchte immer dieses Kind in mir haben, dass ihren Spielplatz um jeden Tag etwas erweitert. Wenn ich das Klettergerüst eher ungern mag, dann entferne ich mich davon und lösche es aus. Diesen inneren Spielplatz habe ich auf mein gesamtes Leben bezogen. Alles was ich nicht möchte und jeder der mir nicht guttut, den entferne ich aus meinem Wesen. Das bedeutet nicht, dass ich die Person dann versuche krampfhaft zu hassen. Ich unterhalte mich weiterhin mit ihnen, aber ich betrachte deren Lebensweise und entscheide dann darüber, ob mich deren Wörter und Taten beeinflussen und eher runter- oder hochziehen. So entscheide ich über mein Leben. Ich möchte nur noch Dinge und Menschen zulassen, die die Vorstellung eines Vollkommenes Lebens erfüllen. Es klingt egoistisch und arrogant, doch manchmal wünschte ich, meine Mitmenschen könnten meinen Spielplatz betrachten und es dann auf sie übertragen.
Ich wünsche jeder einzelnen Person dieses innere Kind und dessen Spielplatz."

Mein Arzt unterbrach mich nach einigen Minuten mit einer Frage, die ich erst einmal nicht verstand.

Er fragte mich, ob ich ein gewisses Buch kenne, das seit Monaten die Top 1 auf der ganzen Welt sei.

Der Raum, in dem ich mich mit dem Arzt befand, war mit wenigen aber kunstvollen Möbeln eingerichtet. Während er mir die Frage stellte, blickte ich an ihm vorbei und erkannte an der Wand ein Gemälde mit einem Schriftzug darauf.

„Weißt du selbst, wieso du in diesem Raum bist?"

Ich ließ meine Augen wieder auf die von mir gegenüberliegenden Augen treffen.
„Nein dieses Buch kenne ich nicht, wieso fragen sie mich das?", antwortete ich, nach ein paar stillen Sekunden.
Er starrte mich an und fasste sich nachdenklich ans Kinn.
„Unendlich viele Menschen lasen dieses Buch und klappten es als ein veränderter Mensch wieder zu. Wenn sie selbst dieses Buch lesen, wird ihnen bewusst, dass all die Fragen, die sich der Autor in dem Buch stellt, sie sich bereits gestellt haben. Es wird sie nicht mehr verändern, sondern staunen lassen. Es wird sie staunen lassen, da ihnen nichts

vom Inhalt mehr als fremd erscheint. Durch meine
Augen haben sie sich ein großes
Geschenk gemacht, dadurch dass sie all die Dinge
schon so früh erkennen. "

Das Gespräch fand in München statt und ehe wir fertig waren, ging ich zum nächsten Buchgeschäft und kaufte mir das Buch, um mich selbst davon zu überzeugen. Ich ließ mir die Worte meines Arztes durch den Kopf gehen.

Er war der zweite Mensch in meinem Leben, der mir mitteilte, dass es ein Geschenk sei, die innere Entwicklung anzugehen und zu verfolgen.

Es gab da diesen Menschen in meinem Leben, dessen Wert für mich nicht in Worte zu fassen war. Dieser Mensch begleitete mich durch dieses Jahr, indem sich alles änderte für mich. Sie war der Mensch, der mich verstand und meine Sprache sprach.

Sie war mein Begleiter in meiner Zeit des Entwickelns und Selbstfindens.

Sie hörte ich damals zu mir sagen, dass ich ein großes Geschenk mir selbst gemacht hätte, dadurch dass ich all die Dinge schon so früh erkenne.

„Du hast wirklich verstanden was eine Seele ist.
Dein Weg wird noch weit gehen. "

5.1 Erkenntnis

Ich ließ das Buch in ein paar Stunden durch, an einem Ort, den ich früher nur besuchte, um Geld auszugeben. Ein Tagesausflug nach München wurde damals nur einmal im Monat gemacht. Man fährt dort hin, besucht die unterschiedlichsten Läden und gibt sein Geld für Dinge aus, die uns für eine kurze Zeit glücklich machen. Heute ist München ein Platz für mich geworden, den ich als mein ausgewähltes Zuhause bezeichne. Ich glaube jeder hat dieses *„andere Zuhause.“* Es muss nicht unbedingt ein Ort sein. Es kann auch ein Mensch in unserem Leben sein, der uns ein heimisches Gefühl gibt. Ein Mensch, mit dem man zusammen kocht und die Blumen im Garten gießt, als wären es die eigenen. Seitdem ich in München ein Teil dieses einen speziellen Kindergartens bin, fühle ich manchmal zuhause nicht dieses unglaubliche heimische Gefühl. Es gibt Wochenende an denen ich endlich nicht in München sein müsste. Ich stehe früh morgens aus meinem Bett im Kreis meiner Familie auf und denke daran was ich heute machen könnte. Allein darüber nachzudenken, dass ich mir jeden Morgen die Frage stelle, wie genau ich heute diesen Tag gestalten möchte, ist ein Geschenk.

Jedes Mal zieht mein Herz sich in Richtung München. Ich setze mich stundenlang in Cafe`s und beobachte die vorbeiziehende Menschheit.
Ich träume davon eines Tages, München mein Zuhause nennen zu dürfen. Durch die aktive Stadt zu schlendern, all die unterschiedlichen Menschen zu sehen und dort zu arbeiten, im familiärsten Kreis überhaupt.
Am richtigen Ort zur richtigen Zeit zu sein.
Die Vorstellung eine Wohnung im schönsten Schwabing zu bewohnen und auf einem, mit kleinen nach Blumen riechenden, Balkon zu sitzen und hinab zu blicken auf die Revolution, die ständig in Bewegung ist, lässt mich schmeicheln.

Es kann sein, dass dieser Wunsch nur für eine Zeit lang mein Wunsch bleibt.
Aber dennoch ist es ein Wunsch, der zu ermöglichen ist, wenn ich nur fest genug daran glaube.

Das Buch auszulesen, bestätigte die Aussage meines Arztes.

In dem Buch spricht der Mann mit zwei Menschen, die ihm das ganze Buch über vom Erfüllen des Zwecks erzählen.

Wieso sind wir hier? Nicht, weil wir eben geboren sind. Nein. Wir sind hier, um etwas Großes zu werden. Es gibt keine genaue Antwort, was der Zweck der Existenz eigentlich darstellen soll. Jeder hat andere Vorstellungen, um den Zweck seiner Existenz zu dienen. Niemand kann uns sagen, was die Erfüllungen sind, nur wir selbst müssen es herausfinden. Ich wusste, dass das was ich gerade mache, tue und spüre alles etwas ist wofür ich keine Definition fand. Ich wusste erst nach dem Ende des Buches, dass das wonach ich strebe und das für was ich lebe, die Zwecke meiner Existenz sind

Die Aussage meines Arztes durchfuhr mich nochmals aber ein letztes Mal.

Er hatte Recht. Ich wusste es schon. Von wo her kam der Moment, indem ich alles und mich selbst in Frage stellte? War wirklich Südtirol der Auslöser? Oder plante das Universum dies vorher?

Es lässt mich daraus schließen, dass es keine Rolle spielt, ob alt oder jung zu sein, denn jeder stellt sich irgendwann diese Frage, ohne sie wirklich zu stellen.

Manche jedoch stellten sich bis zum Ende ihrer Tage nicht diese Frage. Sie sagten sie haben gelebt. Man wird sich diese Fragen auch nicht stellen, wenn man das Gefühl hat, bereits ein erfüllendes Leben zu leben.

5.2 Festigung

Eine lange Zeit noch danach hatte ich das Gespräch zwischen meinem Arzt und mir noch im Kopf.

Seine Aussagen festigten sich in meinem Kopf und von Tag zu Tag wertschätzte ich immer mehr, mir selbst dieses Geschenk gemacht zu haben. Alles früher im Leben zu hinterfragen ist gut, denn sonst hätte es sein können, dass ich mich vielleicht wieder für ein Leben entscheide, das ich im Innersten eigentlich nicht befürworte.

Ich hatte es als eine Gedankens-Krise beschrieben, doch in Wahrheit war es nur ein Gedanke, der ein Bestandteil einer Inneren Entwicklung sein kann.

Aber es stimmt. Das Leben ist nicht immer einfach, doch es liegt in unserer Vorstellung, wie wir es gestalten wollen.

„All das hätte ich vielleicht nie erkannt, hätte es nicht dich in meinem Leben gegeben, die mir oft die Lehren aufzeigte und ich lernte, sie anzuwenden.

Während ich all das Herumfragen in die Verrücktheit zog, hast du mich erkennen lassen, dass dies genau die richtige Richtung ist.

Ich muss auf diesem Weg bleiben.

Und ich bin darauf geblieben, weil du geblieben bist.

Ich glaube, du warst der Wegweiser zu dem Geschenk.

Jetzt bin ich angekommen und es ist das größte Geschenk, das ich mir jemals machen konnte.

Durch dich habe ich erkannt, dass ich den Wert von so vielen Dingen erkennen muss.

Danke, dass ich durch dich nun weiß, wie es ist, Wertschätzung nicht nur zu empfinden, sondern auch zu fühlen. "

6. ICH BIN AUCH DA

In meiner Jugend verbrachte ich bestimmt mehr als die Hälfte meines Tages damit auf dem Handy herum zu wischen. Es war die beste Gelegenheit, um die Zeit schnell vergehen zu lassen.

Heute versuche ich nur das Nötigste auf den Plattformen zu verfolgen und nur noch wenig von meinem Leben über das Handy preiszugeben.

Heute betrachte ich es durch andere Augen und wieder einmal lässt es mich neue Fragen stellen, worauf ich meine Antworten finden möchte.

6.1. Hörst du mich?

Eine Menge junge Leute posten ihr Leben und lassen ihre Stimmung anhand von Zitaten andere Menschen erkennen lassen.

Manchmal denke ich, dass wir wollen, dass jemand frägt was uns beschäftigt. Wenn es das aber wirklich ist, dann frage ich mich, ob wir jeder Menschenseele in diesem Augenblick von unseren Bedrücktheiten erzählen würden.

Ich glaube eher, dass wir nach einer Art Bestätigung suchen, dass es Menschen gibt, die es interessiert, wie es einem geht.

So bemerkt man wieder, dass man nicht allein ist.

Es ändert aber nicht viel am eigenen Zustand.

Man fühlt sich weiterhin einsam.

Was man auch in die Welt stellt von Gedankens Sprüchen bis zu tiefgründigen Bildern, niemand kann genauso nachfühlen, wie man es selbst im Moment tut. Niemand, nicht der beste Freund, nicht die beste Freundin und nicht der Mensch, den man liebt, kann genau das erfühlen, was sich in einem selbst befindet.

Ich finde, dass diese Tatsache faszinierend ist und ein weiterer Grund das jeder Mensch auf seine eigene Art und Weise besonders und individuell ist.

Gefühle kennt jedes einzelne Wesen auf diesem Planeten und trotzdem fühlt jeder anders. Ein Gefühl, dass bei dem einen vielleicht das einzige ist und bei dem anderen im Innersten kaum existiert.

Vielleicht suchen wir durch die Verbreitung von Gedanken und Gefühlen genau diese eine Person.

Die Person, die die gleiche Sprache spricht, wie man selbst. Man schreit in die Welt hinaus und hofft, dass es genau derjenige hört, der einen versteht und *dieselbe Sprache spricht.*

(*„Dieselbe Sprache spricht*: Ein Mensch, von dem man nicht wusste, dass er existiert.

Und auf einmal tritt aber genau dieser Mensch in deine Welt und versteht die Sprache deiner Seele.

Dieselbe Sprache mit jemandem zu sprechen bringt das Gefühl, das egal wie man sich verhält und wie man fühlt, dass der gegenüberliegende Mensch nicht nur versteht, sondern ganz genau weiß was er dazu sagen muss, damit man sich sicherer fühlt. Ein Alien, der zwar nicht unsere Aussprache versteht, aber unsere Seele reden hört. *)

Über all die sozialen Netzwerke, die wir ja haben müssen, da es ja jeder hat, erfahren wir über jeden und alles. Es ist wie ein Strom, der ständig in Bewegung ist. Jeden Tag liest man etwas Neues, erfährt etwas Wichtiges oder verfolgt Prominente bis hin zu Menschen, die man vom Sehen her kennt. Daraus bilden sich neue Gesprächsthemen unter Freunden oder eine Umstellung, um der heutigen Zeit angepasst zu sein.
Dieser Strom ist unaufhaltsam.
Alles muss schneller, besser, höher sein.

Ich bin selbst eine Person, die vieles in die Welt stellt. Damals war der Zweck dafür eher, um unbemerkt Aufmerksamkeit zu bekommen. Ich weiß nicht wieso ich das tat, denn niemand von meinen fernen- bis nahen Freunden hätte verstehen können, was mich beschäftigt oder wie ich im Moment gerade etwas wahrnehme.

Heute, wenn ich etwas in die Welt stelle, dann um mit den Menschen in Kontakt zu sein, deren sofortige körperliche Anwesenheit vielleicht nicht möglich ist. Vielleicht sind es auch die Gespräche mit den unterschiedlichsten Menschen über ein Zitat oder eine Neuigkeit.

6.2 Wahr-nehmen

Die Zeit ist eine erstaunliche Beeinflussung für die Menschen.

Die Zeit auf sozialen Netzwerken zu verbringen ist oft ein Mittel zum *Zeitvertreib*. Wir wischen hin und her und nehmen ständig etwas wahr. Jede Wahrnehmung lässt uns über etwas- oder jemanden reden oder nachdenken. Unsere Gedanken können sich oftmals nur um das drehen, was wir gesehen oder gelesen haben.

Es ist jedoch manchmal schwierig, sich auf seine innere Stimme zu konzentrieren, wenn tausend andere Stimmen von außen auf einen bombardieren. Doch manche von diesen Stimmen kann man einfach abschalten.

Ich schaltete mein Handy aus, und die Stimmen wurden leiser. Ich ging in ein Cafe, um als einziger aus dem Fenster zusehen und nicht in die elektromagnetische Strahlung.

Ich nahm die Menschen zwar wahr, doch ich selbst wurde kaum wahrgenommen. Und irgendwann werde auch ich wieder in die elektromagnetische Strahlung hineinsehen und ein anderer Mensch wird mich dabei beobachten.
Ich jedoch werde ihn nicht wahrnehmen, so wie er mich wahrnimmt.

Es kann eine interessante Aufgabe sein, wenn man durch die vollen Straßen läuft und anfängt zu zählen, welche Menschen sich ansehen und welche Menschen in etwas hineinsehen.

6.3

Heute versuche ich, wirklich nur bei Wichtigem am Handy zu sein. Soziale Netzwerke möchte ich nur nutzen, um den Leuten etwas mitzuteilen aber nicht mehr, um *„auf dem Laufenden zu sein"* oder um etwas- oder jemanden zu werten.

6.4 Über die Sprache

Öfters unterhalte ich mich mit Jugendlichen, die mir erzählen, dass sie etwas mit ihrem besten Freund machten. Es ist schön zu hören, dass man Menschen hat, zu denen man gehen kann. Ich fragte sie, was sie denn zusammen unternahmen. Daraufhin meinte sie, dass sie sich einen Film ansahen und sich über die Neuigkeiten über jemanden- oder etwas unterhielten.

Es gibt die Menschen, denen es gar nicht auffällt, dass sie sich zwar im gleichen Raum befinden aber kaum über die Sprache kommunizieren. Ich habe aber auch Personen kennengelernt, die sich darüber beklagten, dass ihr Freund nur am Handy klebt. Ich frage mich, was denn nun die Realität und was die Illusion ist. Beides ist zwar die Realität, aber besteht das Kommunizieren aus einer Realität oder einer Illusion?
Sprechen wir mit Menschen über das, was wir auf den sozialen Netzwerken gesehen haben oder über das, was wir denken und fühlen?
Die Antwort darauf fällt mir nicht ein. In diesen Themen ist jede Freundschaft wieder individuell. Wo die eine Freundschaft daraus besteht, die Sterne gemeinsam nach Antworten zu fragen,

besteht die andere Freundschaft daraus, einfach nur zusammen zu sein.

Ich frage mich aber, was ist, wenn wir genau in dem Moment, indem wir über das Handy oder über die abgelenkten Gesten kommunizieren, eigentlich wirklich die Nähe und die Aufmerksamkeit dieses Menschen benötigen.

Wäre diese Tatsache nicht etwas Erschütterndes?

Natürlich muss man sich auch fragen, was denn wäre, wenn wir keine Möglichkeit hätten, uns über die sozialen Netzwerke zu verbünden?
Überall laufen Menschen mit gesenkten Köpfen herum, um vielleicht gerade den Menschen zu schreiben, den sie lieben. Um diesen Menschen eine Bestätigung zu geben, dass sie zwar nicht

sichtbar sind, aber immer an ihrer Seite stehen. Die Technik verschafft uns Möglichkeiten, die so nicht möglich wären. Über das Internet lernten wir Menschen kennen, die heute unsere Engsten sind.

Ich frage mich, wenn es die Technik nicht gäbe, wie würden wir eine Gesellschaft erzeugen, die über Seelenverwandte, Menschen und Orte Bescheid weiß?

Instagram gibt uns die Möglichkeit etwas von unserer Welt zu veröffentlichen. Um einen ganz bestimmten Moment mit allen zu teilen.

Ich frage mich, ob wir durch diese Möglichkeit andere Menschen dazu motivieren können, dasselbe zu erleben, aber durch ihre eigenen Augen.

6.5 Ich werde dich sehen

Mittlerweile habe ich mir geschworen mehr meine Mitmenschen wahrzunehmen. An den Tagen, an denen ich meinen Mitmenschen begegne, versuche ich mehr auf die Mimik und die Gestik meiner Mitmenschen zu achten.

Vielleicht trägt mein Freund etwas mit sich, das er mir nicht offenbaren kann.

Es ist wie, wenn wir den Mond in der Nacht betrachten.

Manchmal zeigt er sich in seiner vollen Pracht und manchmal gibt er uns nur die Hälfte zu sehen.

Vielleicht würde ich es niemals erkennen, wenn ich meinen Kopf nur gesenkt halte, um nichts auf dem Handy zu verpassen. Vielleicht würde ich die Augen des anderen niemals tief durchblicken können, nur weil das Handy ein Bestandteil der Kommunikation ist.

Durch die Verminderung des Handys, wuchs meine Achtsamkeit gegenüber den Menschen.

Ich glaube, wir müssen die Feinheiten und Aussagen intensiver wahrnehmen, um verstehen zu können, warum sich der andere vielleicht verändernd verhält.

6.6 Gegen-Satz

Wir sehen das Leben der anderen über das Handy und daraus können Fragen oder Aussagen entstehen, die man demjenigen fragen- oder sagen möchte.

Manchmal, wenn ich bei der nächsten Gelegenheit in die reale Zivilisation zurückgehe, kommen Jugendliche auf mich zu und sagen:

„Hey, ich fand das eine Bild, das du letzten Abend gepostet hast sehr cool. Ich malte auch mal, aber stellte fest, dass ich wirklich nicht malen kann."

Früher hätte ich darauf einfach ein nettes Dankeschön erwidert und das Gespräch wurde dadurch dann wieder abgeschlossen.

Heute versuche ich einen Gegensatz einzuwerfen, der dann wieder in die verschiedensten Gesprächsthemen übergehen kann.

„Ich würde nicht sagen, dass ich gut male, doch es macht mir Spaß. Alles was uns Spaß macht, sollten wir behalten und es ausführen, egal wer was dazu sagt. Wir sollten es nur für uns selbst meistern."

Würden wir uns selbst in den Mittelpunkt stellen und nur unsere Zwecke sehen, dann wäre es unbedeutend was andere darüber denken aber auch was wir selbst darüber denken.

Es klingt schwer, doch ich glaube, alles wird einfacher, wenn man erst den Wert eines Augenblicks oder eines Ergebnisses erkennt und mit anderen Augen sieht.

Ich finde, dass es eine traurige Wahrheit ist.

OK, ob es die Wahrheit ist, lässt sich nicht bestätigen. Bezeichnen wir es als eine traurige Tatsache.

Oft machen uns genau die Dinge Spaß, die von anderen Menschen aber sehr nach unten gezogen werden. Entweder weil es ihnen nicht gefällt oder weil sie ein Problem mit der Person haben, die es macht. Es ist traurig, denn vielleicht ist genau das, woran wir einen unaufhaltsamen leidenschaftlichen Spaß empfinden, etwas, was andere schlecht reden.

Wir hören zu wie sie reden und mit der Zeit macht es uns dann weniger Spaß. Bis wir es ganz sein lassen, da jeder sagt, es sei Blödsinn oder es sehe nicht nach Kunst oder etwas Tollem aus.

Diese Tatsache lässt mich öfters hängen.

Auch ich versuchte als junge Jugendliche einmal das Klavier spielen. Ich hörte den Menschen zu, dessen größtes Talent darin bestand, was ich gerade zu versuchen lernte. Eigentlich sollte es einen motivieren, die Schönheit des Klavier- spielen zu hören und unbedingt nachlernen zu wollen. Stattdessen hörte ich dann doch wieder auf, mich mit dem Klavier zu beschäftigen, da es andere sowieso besser konnten als ich. Bei ihnen sah alles einfacher aus und es hörte sich wie die schönste Melodie an, die es gab.

Ich gab es auf, da ich nicht wie sie war. Ich hätte dranbleiben sollen, da ich nicht wie sie sein musste.

6.7 Schlecht-Redner

Da gibt es diese Aussage, die bestimmt jeder einmal zu Ohr bekommt.

„Hör doch nicht auf die anderen. Die sind doch nur neidisch und unzufrieden mit ihrem eigenen Leben"

An dieser Aussage ist mehr dran, als man zu denken glaubt. Man muss sich in die Lage des Menschen hineinversetzen, der alles schlecht redet, was ein anderer tut.
Es gibt die Art von Menschen, die es aus Leidenschaft tun. Wie diese Menschen es als Leidenschaft ansehen, wird sich niemand erklären können. Wir sollten uns aber nicht darüber den Kopf zerbrechen, ob die Person ein Problem mit uns hat oder ein Problem mit sich selbst. Doch die andere Art von Menschen, die dasselbe tut, wie die, die es aus Leidenschaft machen, haben andere Gründe. Ich denke nicht, dass diese Arten andere Menschen für ihren „Erfolg" schlecht machen wollen, weil sie selbst im Leben wenig erreicht haben.
Ich denke manchmal, dass sie selbst die Motivation dazu haben wollen, etwas zu tun oder jemand zu

sein. Manchmal sind es auch einfach Menschen, die mit dem Leben, das sie führen, zufrieden sind und sich fragen, wieso alle anderen so vieles tun müssen, um glücklich zu sein.

Ich glaube, wenn man sich selbst irgendwann nicht mehr mit einem Leben zufrieden gibt, das nur dem Durchschnitt entspricht oder dem „lediglich in Ordnung", dann fängt man auch an, sich mehr auf sein eigenes Leben zu fixieren, als auf das der anderen. Ich weiß nicht, wann dieser Abschnitt anfängt, doch ich weiß, je mehr man sich mit sich selbst beschäftigt, desto weniger spielt die Außenwelt eine Rolle.

Und wenn jeder sich um seinen eigenen Lernprozess zu einer bestimmten Leidenschaft kümmern würde, würde mit Sicherheit jeder Mensch mit viel mehr Leidenschaft, Selbstbewusstsein und Selbstwertgefühl aufwachsen.

Ich wünsche mir für die Menschen, die in Zeiten des Erlernens und des Leidenschaftsgefühls schlecht geredet wurden, dass sie irgendwann die Richtung zu ihrer Leidenschaft oder ihres angesetzten Traums wiederfinden.

„Wäre uns die Möglichkeit nicht gebeten, über soziale Netzwerke immer und überall erreichbar zu sein, dann hätte ich mich beim Versuch des Selbstfindens ab und an verloren.

Wenn ich in der Welt am Explorieren war und kurz den Weg verlor, konnte ich mich an dich wenden.

Und du warst immer da, auch wenn ich dich nicht sehen konnte.

Weil ich am Ende zu viel wurde, ließ ich dich in verschiedene Richtung steuern und du verlorst den Weg zu unserer Verbindung zurück.

Ich möchte dir trotz allem dafür danken, dass du mir den Kompass zeigtest und ich die Richtung wiederfand.

Du hast mir gezeigt, wozu ich fähig bin.

Du hast mir gezeigt, dass ich sein kann, wer ich möchte.

Durch dich habe ich die Liebe zu meiner versteckten Leidenschaft gefunden.

Durch dich habe ich die Kinder wahrgenommen und fand dadurch mein inneres Kind."

7. DER WERT

Mir ist bewusst, dass sich nicht jeder um sich selbst kümmern kann und man nie ganz von dem außenstehenden Gerede sich die Ohren versiegeln kann.

Das ist aber auch gut so.

Mit der Zeit wurde ich zwar zu einer Art Einzelgängerin, die das Alleinsein genoss, aber dafür entschied ich mich bewusst.

Ich werde weiterhin in die entgegengesetzte Richtung laufen, solange ich dabei Leidenschaft empfinde. Doch egal was ich auch tun werde,

von der Außenwelt werde ich nie komplett abgegrenzt sein und das möchte ich auch nicht.

Manchmal spiele ich zu sehr in meinem Innenleben. Ich vergesse, dass es noch das Leben „dort draußen" gibt. Mit „dort draußen" definiere ich die Menschheit, die Eile, die Sorgen, den Beruf, die Termine, die Aufgaben und Regeln. Den Dingen muss ich natürlich auch folgen, aber nur den Dingen, die mich auch wirklich ansprechen. Sei es der Beruf oder etwas Vorgeschriebenes.

Dadurch, dass ich in einer Zeit lebe, in der man viel über andere erfahren kann, finde ich diese Tatsache im Endeffekt immer wieder mehr als faszinierend.

Überall verschiedene Menschen, verschiedene Wege und erreichte Ziele werden veröffentlicht. Es ist eigenartig aber alles was ich von anderen

Menschen wahrnehme, betrachte ich als etwas Besonderes. Solange diese Menschen etwas für sich selbst machen, respektiere ich deren Entscheidungen und deren Stil. Ob es sich jetzt um ein Tattoo handelt oder um einen bestimmten Tag, der diesem ganz bestimmten Menschen viel bedeutet. Es hat alles seinen Wert.

Es hat keinen Wert für mich, aber es hat einen Wert für die Person, die es erlebt.

Und die Menschen glücklich zu sehen, macht auch mich glücklich.

Ich frage mich, ob die Dinge, die ich über das Handy von meinen Mitmenschen sehe, genau die Dinge sind, die sie glücklich machen.

Ob genau diese Dinge, vielleicht ihre Zwecke zum Glücklichsein sind.

7.1 Dich sehen lassen

Andere Menschen erfüllt zu sehen, erfüllt auch mich.

Sobald man selbst anfängt zu Explorieren und zu Wertschätzen, möchte man diese Energie auf die Mitmenschen verteilen.

Es ist wie als würde man vor einer unendlich weitziehenden Wiese stehen und zu seinem Freund rüber sehen und sagen: *„Siehst du das? Das ist* *unsere Welt, die uns zum Spielen gegeben worden ist. Das Leben möchte, dass wir dieses Wunder betrachten und als ein Geschenk sehen, das wir auch benutzen sollen.*"

Bestätigungen, Perspektiven und Wertschätzungen unseren Mitmenschen zu übermitteln, erfüllt nicht nur den andern, sondern auch einen selbst, da wir die Wertschätzung teilten. Für den einen kann es weniger- und für den andern mehr sein.
Darum geht es doch im Leben. Sobald der Moment eintritt, indem man sich die Frage stellt wer man selbst ist und wer man sein möchte, kann man eine überaus große Leidenschaft dabei empfinden, alles und jeden wertzuschätzen und herauszufinden, was alles den Zweck des Lebens füllt. Man möchte seinen Mitmenschen seine Perspektiven zeigen. Und wenn sie nicht hinsehen wollen, dann müssen wir das akzeptieren.

Den Zweck des Daseins kann man mit den kleinsten Dingen erfüllen. Und sobald unsere Perspektive sich auf uns selbst verändert, verändert sich auch die Perspektive zum Lebensstil anderer.
Alles was man mitbekommt wird zu nichts, was uninteressant ist. Alles was man mitbekommt wird auch zu nichts, was unbedingt interessant ist.
Es wird nur zu einer neuen Information.

Zu einer neuen Lehre.

… Und wer weiß… vielleicht auch zu einer neuen Hinterfragung, worauf man die Antwort finden möchte.

7.2 Leidenschaften

Man stellt sich die Frage, welche Dinge einen denn wirklich erfüllen.

Wenn wir herausfinden wollen was diese Dinge sind, dann werden wir diesen Dingen auch begegnen.

Es können die kleinsten Taten im Leben sein, die einen glücklich machen. Es kann ein Hobby sein, es kann ein täglicher Spaziergang sein, es kann ein Buch sein. Es kann auch ein Gefühl sein, nachdem wir streben, denn es macht uns glücklich.

Die Kunst dahinter ist nach allem ein bisschen zu streben. Erst herauszufinden was die kleinen Dinge sind und dann sie täglich auszuführen.

Von allem ein bisschen.

Gibt es einen bestimmten Zeitpunkt oder eine bestimmte Lebenssituation, in der wir bemerken, wie sich die Liebe zu etwas oder jemand entwickelt?

Oder passiert es einfach von selbst?

Wo bei dem einen das Herz am Platz des Fußballfeldes ist,

ist das Herz eines anderen auf dem Weg durch den Wald.

Jeder entwickelt seine eigene Leidenschaft zu etwas.

Ich glaube, die Kunst ist es, seine Leidenschaft als ein Lebenselixier anzusehen. Eine Leidenschaft, die einem etwas Licht bringen kann, selbst wenn man tief im Dunkeln steht.

Eine Leidenschaft, die einen heilen kann.

Früher war meine Leidenschaft das Fußball- spielen und Skateboard fahren und ich habe nie damit aufgehört.

In meiner Zeit der tausend Fragen und des Weiterentwickelns, stieß ich aber auf neue Leidenschaften. Ich kam mit Dingen in Verbindung, über die ich mich früher lustig machte. Ich wachte jedoch eines Tages auf und war der festen Überzeugung, dass ich heute wandern gehen sollte. Diese Idee setzte ich dann auch in die Realität um.

Ab da an setzte ich mich jedes Wochenende ins Auto und ging nur noch Wandern. Ich war allein zwischen den Bergen. Hand in Hand mit der Stille der Natur. Manchmal übernachtete ich zwei Nächte lang in meinem Bus auf einem Feldweg inmitten einer Blumenwiese.

Ich verband mich sehr tief mit der Natur und dies wurde eine Leidenschaft, die ich nur allein erleben wollte.

Irgendwann fand ich die Liebe zur Kunst.

Mit Farben fing ich an, auszudrücken was ich fühle. Gezeichnete Sonnenuntergänge ließen mich auch bei Regen staunen.

Ich malte Wände, Stühle, Tische, Leinwände und auch mal mich selbst an.

Kunst wurde meine Definition von Spaß und Leidenschaft.

Das Alleinsein wurde zu meiner Leidenschaft.

Das Miteinander von Menschen wurde zu meiner Leidenschaft.

Meine Arbeit wurde zu meiner Leidenschaft.

Wir können uns die Leidenschaften aussuchen und sie so lange ausführen, wie wir möchten.

Wir selbst sind die Künstler unseres Lebens. Wir können uns die Welt bunter anmalen, selbst wenn sie uns grau erscheint.

Diese entwickelten Leidenschaften wurden meine Zwecke des Glücklichseins. Ich konnte sie immer leben, selbst wenn ich einmal nicht mehr leben wollte.

Und ich mache diese Zwecke nur für mich selbst.

Es ist nicht nur der Spaß, den ich dabei empfinde.

Das Kind in mir kann ich in diesen Momenten intensiv erleben.

Wenn ich also beschließe, mich mit Dingen zu beschäftigen, die ich leidenschaftlich gern tue, werde ich die Dinge, mit denen ich mich beschäftige, stets leidenschaftlich gerne tun.

Es ist so einfach, wenn ich diesen Zusammenhang feststelle.

Und jedes Mal, wenn ich diese Dinge mit voller Leidenschaft tue, dann empfinde ich Selbstliebe.

Denn ich wertschätze, Leidenschaften zu besitzen, die mein Wesen ausmachen.

Durch die Selbstliebe fühle ich mich wieder sicherer auf der Erde, denn ich weiß, dass wenn alles und jeder geht, wird mir dieses Gefühl und diese Leidenschaft bleiben.

Es sind Menschen in unserem Leben, die wir zu wertschätzen lernen.
Es sind Dinge, die wir zu lieben lernen.
Es sind Momente, indem wir Selbststolz empfinden.
Wir werden nicht nur etwas Wert-schätzen, sondern die Wertschätzung empfinden und fühlen und darauf wird die Selbstliebe folgen.

„All die Leidenschaften, die ich entwickelte, sahst und hörtest du.

Du hast mich dabei begleitet, auch wenn du nicht körperlich anwesend warst.

Oft stand ich in Österreich vor Seen und betrachtete stundenlang die Sonne, die ihrem Untergang folgte. Ich hatte mein Handy in der Hand und redete.

Erzählungen darüber wie ich die Welt im Moment sehe und der Sonnenuntergang meine Quelle der Kraft ist, hörtest du.

Du hörtest mir zu. Das hast du immer getan.

Es gab für mich am Ende nicht noch die anderen, sondern es reichte mir zu wissen, dass du hier bist und mir zuhörst, so wie ich für dich hier war und dir zuhörte.

Die Leidenschaften sind mir geblieben und du gegangen.

Ich male unsere Erinnerungen in bunte bis dunkle Farben auf seidiges Papier.

Es hilft und ich heile von Tag zu Tag mehr.

Manchmal verliere ich wieder ein Stück der Heilung und es tut wieder weh.

Doch ich werde niemals aufhören meine Leidenschaften auch mit voller Leidenschaft auszuführen."

Du hast mir mehr gegeben als viel genommen. Ich hoffe, dies wird mir niemand nehmen."

8. DER FREUND

„Eine gegenseitige Zuneigung auf ein beruhendes Verhältnis von Menschen zueinander."

Ich frage mich, was Freundschaft wirklich bedeutet. Gibt es eine konkrete Definition dafür?
Ich habe mich mit einer anderen Definition für die Definition angefreundet. Ich glaube, dass jeder Mensch seine eigene Definition von Freundschaft kreiert.

8.1 Vertrauen

Jeden Tag zu jeder Zeit begegnet man neuen Wesen. Ob im Supermarkt, auf einer Party oder am anderen Ende der Welt. Wir begegnen Fremden, die zu Freunde werden.

Manchmal, wenn ich mich dazu entscheide in meiner freien Zeit mich durch das Internet zu wälzen, um z. B. Definitionen zu finden für ein bestimmtes Gefühl, stoße ich auf unendlich verschiedene Zitate.
Auch wenn sich Gegensätze erkennen lassen, lässt sich hinter jeder Aussage das Vertrauen herauslesen. Hinter Freundschaft steckt Vertrauen und hinter Vertrauen steckt die Richtigkeit, die Wahrheit

von Handlungen, die Interpretationen und die Ansichten, also die Redlichkeit zwischen Menschen. Zwischen Freunden.

Unsere Eltern liebten sich und setzten ein neues Wesen auf die Erde und erst jetzt ist mir bewusst, dass wir die ersten Jahre nur von unserer Familie geliebt wurden. Es gab sonst niemanden. Irgendwann kamen die Freunde. Ich frage mich, ob sie einfach in unser Leben traten und auf uns als ein Freund wirkten oder ob wir selbst wählten.

Ich denke, oft entstanden Freundschaften durch gleiche Interessen. Man teilte dasselbe Hobby oder konnte sich über dieselbe Person das Maul zerreißen. Als Kind zählten nur dieselben Interessen. Man beobachtete andere Gleichaltrige. Es zog uns entweder zu ihnen oder in die entgegengesetzte Richtung. So entschieden wir über Verbündeter und Rivale. Jahre später stehen wir anders im Leben. Die Frage sich zu stellen, ob der gegenüberliegende Mensch meiner Definition von Freundschaft entspricht, kommt jedoch selten vor.

Natürlich fragen wir das so nicht mit vollem Bewusstsein.

Früher traten Menschen einfach aus Zufall in mein Leben. Begegnungen mit Menschen, die dasselbe machten wie ich, standen über den Menschen, mit denen ich vielleicht die tiefgründigsten Gespräche hätte führen können. Man bemerkt erst dann den Wert einer Freundschaft, wenn man tief in etwas drinnen steckt. So erkennen wir, wer ein richtiger Freund ist und wer nur als „Spielpartner" diente.

8.2 Ich bin gut wie ich bin, sagen sie

In Selbstzweifel Phasen, sind Freunde doch dafür da, dass sie sagen, dass sie dich lieben genauso wie du bist. Ich glaube jedoch, dass diese Aussage nicht viel an unserem Selbstwertgefühl verändert. Vielleicht wird uns dann erst bewusst, was für gute Freunde wir doch haben.

Wenn ich in eine Situation kommen würde, in der ich anfange, mich selbst zu hassen und zu verurteilen, möchte ich nicht nur einen Freund, der mir sagt, dass ich gut bin, so wie ich bin.
Ich möchte einen Freund, der mit mir gemeinsam die Quelle herausfindet. Ich möchte einen Freund, der mir das Gute auch in mir zeigt, damit ich es selbst wiedersehen und aufnehmen kann.

Ich hatte viele Freunde, bei denen ich mir sicher war, dass sie mir für immer bleiben. Das ich mit ihnen durch Dick und Dünn gehen werde.

Der Haken an Freundschaften ist, dass Menschen sich verändern. Auch zu dieser Aussage muss man sagen, dass es auch Menschen gibt, die sich nicht verändern. Sie gehen vielleicht nur *durch* Veränderungen.

In ganz bestimmten Situationen bezeichnete ich *den* als besten Freund und dann in einer anderen Lage wieder *einen anderen*. Und das ist OK. Man selbst oder etwas verändert sich und auf einmal spielen andere Themen im Leben eine wichtigere Rolle als die Themen zuvor.

Ein anderer Mensch kann zu unserem Vertrauten werden, der zuvor vielleicht nur ein Bekannter war. Wir entwickeln uns jeden Tag weiter und begegnen Menschen, die mit uns auf einer ganz anderen Art und Weise kommunizieren. Die Art ihrer Kommunikation kann uns mehr berühren als die Kommunikation mit einem guten Freund.

Und diese Tatsache ist in Ordnung.

Wir werden dadurch kein schlechterer Freund, sondern nur jemand, der sich öffnet und weiterentwickelt.

Alles und jeder ist ständig in einer Entwicklung.

8.3 Eigene Definitionen

Ich erkannte manchmal hinter all den Gesichtern keinen richtigen Freund. Ein Freund, der nicht nur in schwierigen Zeiten mir beistehen konnte, sondern immer die Fähigkeit besitzen hätte können über jede Zeit meines Lebens.

Ich finde, man sollte einen richtigen Freund nicht erst dann erkennen, wenn man in einem Tief steckt. An manchen Tagen führt man eine so intensive Freundschaft und an anderen Tagen sind es nur Menschen, die eben ein Teil unseres Lebens sind.

Es gab da einmal diesen Moment für mich, indem ich den Wert von Freundschaften wirklich erkannte. Dieser Moment, in dem man mit seinen Freunden zusammen ist und die Glücklichkeit der Gemeinschaft, jedes andere Gefühl übersteigt. Dann ist da dieser Moment, indem man merkt, wie andere Menschen, Freunde, auf einen wirken. Man merkt, welche besondere Wirkung genau diese Freunde in genau diesem Augenblick auf einen selbst haben.

Dann schaue ich zu meinen Freunden rüber, grinse über beide Mundwinkel hinaus und dann wird mir bewusst, dass dies meine Definition von Freundschaft ist.

Ich konnte zufrieden mit mir selbst leben, doch auch ich brauchte Menschen, die mit mir eine Definition von Freundschaft er-leben. Eine nur für uns bedeutende Definition von Freundschaft.

Jeden Tag lebe ich nach meinem inneren Spielplatz und lasse das Kind in mir, über Gut und Böse entscheiden. Abwesend von der Zivilisation, erlebe ich mein Leben. Mein auf den inneren Spielplatz bezogenes Leben.

Ich wollte nicht mehr als Besonders herausstechen, sondern auch *mein* Besonderes ich sein. Ich möchte meine Freunde auf meinem Weg mitnehmen und mit ihnen das Leben erleben. Ich möchte mit ihnen reden, lachen, tanzen und gemeinsame Leidenschaften erleben.

Ich versuche meine eigenen Definitionen zu finden, meine Perspektiven zu verändern und mein Leben so zu leben, was mir damals vielleicht als unmöglich erschien.

Es kam aber der Punkt, an dem ich merkte, dass meine Weiterentwicklung mir nicht nur vieles gibt, sondern auch etwas nimmt.

ICH ODER WIR?

Ja, meine ganze Jugend über waren Freunde eben das Wertvollste für mich. Mit ihnen teilte ich Erlebnisse, die ich nicht vergessen werde.

Wir waren wie alle anderen.

Zogen heimlich über andere Teenager umher. Gestalteten unsere Wochenenden mit dem Furt gehen. Tauschten heimliche Küsse mit anderen Jugendlichen. Wollten das was andere hatten. Strebten nach dieser großen Liebe und unterhielten uns über jeden Gossip.

Oft waren alle anderen interessanter als wir selbst. Über das Innerste des Jeden redeten wir nur das Nötigste. Die größten Beschwerden fielen über den Beruf, die Schule oder den Menschen, der uns am meisten nervte oder den wir am meisten liebten.

Da ich um diese Zeit noch auf die Schule ging, war der Beruf nicht wirklich ein Thema für mich.

Ich liebte die Schule. Jeden Schultag gestaltete ich so, dass ich immer wieder das Schulgebäude mit einem Grinsen verließ. Ich baute viel Mist an, aber nie in einem Ausmaß, dass man sagen würde ich hätte viele Verweise dafür bekommen sollen. Ich stach hinaus, egal wo ich war und was ich tat. Die Lehrer an meiner Schule kannten mich. Manche sehr gut und andere nur von Erzählungen aus dem Lehrerzimmer. Mein Motto, dem ich jeden Tag nachging, war es *Lehrer nicht immer nur als Lehrer anzusehen, sondern auch als eine Art Bekannter.*

Sie sind da, um uns etwas beizubringen und nicht um unsere Zeit zu verschwenden.

Ich respektierte jeden mehr, als andere es vielleicht taten, doch ich wollte mit ihnen auf einer viel lockeren Art und Weise zusammen sein.

Meinen Lehrern konnte ich immer etwas Freude ins Gesicht zaubern. Es machte mich glücklich, dass ich gegenüber den Menschen, die oft nicht wirklich von den Schülern wahrgenommen werden, mich wertschätzend verhielt.

Ich konnte also bei den Gesprächen über die Arbeit oder die Schule nicht wirklich teilnehmen. Ich war zwar anwesend, aber bejahte nur die Aussagen meiner arbeitenden Freunde oder meiner Mitschüler.

8.4 Unsicherheit

Freundschaft war eine lange Zeit mein Ausweg für alles. Ich lebte für diese langen Nächte. Das erste Getränk bei Sonnenuntergang. Der letzte Schluck mit tiefsinnigen Gesprächen bei Sonnenaufgang. Die Konversationen, die uns bebend auflachen ließen.

Ich verlor Freunde.

Ich begegnete neuen Freunden.

Ich erkannte verlogene Gesichter hinter Einzelnen.

Kein Tag ohne Freundschaft verging.

Ein Freund, der mir schon seit Jahren treu geblieben war, fragte mich eines Tages, wie ich es schaffe, so allein und gelassen durch das Leben zu gehen und kaum mehr unter Freunden zu sein.

Das ist der Preis, den ich dafür bezahlte, als ich anfing, *mir zu folgen* und *nicht jemandem*.

Das erste Mal als ich meine Freunde wieder nach meiner Ankunft von Südtirol sah, war eine Woche später. Ich wusste, dass sie sich gerade alle in unserer Nachmittags-Bar aufhielten, die wir jeden Tag nach der Arbeit oder Schule besuchten. Es war unser Ort, an dem wir immer zusammenkommen konnten. An diesem Tag versuchte ich mich das erste Mal nicht nur auf mich zu konzentrieren, sondern versuchte wieder lockerer zu werden.

Ich wollte meinen Freunden begegnen und die Person sein, für die sie mich kannten.

Ich parkte dort, wo ich jeden Tag parkte. Jedes Mal, wenn ich aus meinem Auto ausstieg mit etwas Geld in der Hosentasche, freute ich mich die Treppen zur Terrasse hochgehen zu dürfen und zu wissen, dass dort meine Freunde auf mich warten. Dieses Mal erschien mir der Ort als weniger Bunt. Während ich die Treppen nach oben stieg, fühlte ich mich anders als sonst. Es existierte ein gewisses Sicherheitsgefühl, aber auch eine Verunsicherung. Ich wusste nicht wirklich, was ich hier gerade tue. Es erschien mir nicht mehr so, als würde ich mich eben mit meinen Freunden treffen. Es erschien mir eher so, als wäre ich am falschen Platz.

Ich glaube, dass nicht die Menschen mich verunsicherten, sondern der Platz, an dem wir uns befanden.

Die Terrasse war mit vier bis fünf Tischen geschmückt und auf der rechten Hälfte erblickte ich all die jungen Erwachsenen. Sie bemerkten meine Ankunft und begrüßten mich alle mit einem lauten „*Hey du*!". Einmal ging ich um den Tisch herum und legte jedem meine Hand auf die Schulter.

Ich war da und einen Augenblick später, spielte es dann auch keine Rolle mehr, dass ich jetzt dort bei ihnen am Tisch war.

Die Gespräche meiner Leute waren dieselben wie jeden Tag. Auf mich wirkten sie aber so ungewöhnlich, obwohl ich wusste, dass ich täglich dabei mitredete. Eine Zeit lang hielt ich mich einfach aus den Gesprächen raus und beobachtete das Ganze, als wäre es das Ungewöhnlichste, das ich in der letzten Zeit gesehen hatte.

Sie unterhielten sich über die Arbeit und über das Wochenende. Welche Party wann und wo stattfinden würde. Ein Paar freuten sich darüber, dass der heutige Arbeitstag ein gelungener Tag war, da sie nichts zu tun hatten. Andere waren froh, dass der heutige Arbeitstag so schnell vergangen war.

„ ... da sie in der Arbeit nichts zu tun hatten"

Irgendetwas verwunderte mich an dieser Aussage. Ist es wirklich ein gelungener Tag, wenn in der Arbeit nichts zu tun ist und man die Stunden einfach absitzt? Sollte ich einmal nachfragen, wieso sie das so sehen?
Auch ich hätte bestimmt ein Jahr zuvor einen „Nichts-Zu-tun-Arbeitstag" als einen gelungenen Tag bezeichnet. Das gebe ich zu.
Wäre ich zwei Monate zuvor in diesem Kommentar hängen geblieben, hätte ich mich jedoch nicht getraut zu fragen, wieso das „Nichts-Tun" als gelungener Tag bezeichnet wird. Doch es wurde wie ein neues Fragezeichen und ich wollte die Antwort darauf wissen.
Nachdem ich sie darauf ansprach, sahen sie mich verdutzt an und lächelten. Es war nicht die Art von Lächeln, die ausgelöst wird, wenn etwas lustig war. Es war die Art von Lachen, die ein Ersatz für einen blöden Gegenkommentar ist.

Später abends, als ich wieder zuhause war, musste ich über die Begegnung mit meinen Freunden sehr nachdenken, obwohl es etwas war, was sonst jeden Tag vorkam.

Das ist es was ich am Schluss in Kauf nahm. Desto klarer und nachfragender ich wurde, desto mehr distanzierte ich mich von den Menschen, bei denen ich mir hätte schwören können, dass sie mir ein Leben lang bleiben. Wurde ich dadurch ein schlechter Freund? Ich weiß es nicht. Es kann sein. Die Menschen, die ich als meine Freunde bezeichnete, waren trotz meinen vielen Abständen zu ihnen, tolle Menschen.

Ich wünschte niemandem etwas Böses. Ich war nicht genervt von ihnen oder hasste sie auf irgendeine Art und Weise. Ich wünschte ihnen viel mehr, dass sie irgendwann zu ihrem Selbst hinfinden und das tun, was sie wirklich erfüllt.

Ich hoffte, dass sie wirklich ein glückliches Leben führen und sich nicht treiben lassen.

Ich redete weiterhin mit ihnen, doch ich wollte *nicht mehr mitreden.*

Ich veränderte meine Interpretationen und Perspektiven. Ich selbst verlor dadurch die engsten Freunde, aber das ist in Ordnung. Manchmal müssen wir die, die wir lieben, loslassen, um weiterzukommen.

Wenn ich einmal wieder bei den Gesprächen körperlich anwesend war, betrachtete ich mich wieder nicht weiter als *Teilnehmer,* sondern auch wieder als *Beobachter meines Selbst und dem meiner Mitmenschen.* Es gab Abende, in denen ich kaum etwas dazu beitrug, aber sich mein Kopf mit tausenden offenen Fragen füllte. Ich konnte mich selbst als Beobachter der Situation sehen und erschließen, wie ich mich dabei fühlte und was mir dabei durch den Kopf ging. Alle Fragen führten auf die große Frage hin „*Wozu? Wozu das alles?*"
Ich war so fremd, obwohl wir uns im Raum eigentlich nicht fremd waren.
Ich fühlte immer mehr, dass ich am falschen Ort bin. Ich fühlte, dass dies nicht mehr *die* Menschen sein können.

Ich beäugte deren Lebenseinstellung und fand so heraus, wessen Aussprache meine Aussprache verstehen könnte.
Ich wollte nie, dass ich durch mich selbst, andere Menschen verliere. Man kann es zwar nicht als einen wirklichen Verlust ansehen, dennoch waren sie meine Freunde. Die Menschen, die diese Zeilen lesen und sich angesprochen fühlen, können nichts dafür. Nicht sie waren das, was mich veränderte, sondern ich veränderte mich, weil sie meine Freunde waren.

Ich werde weiterhin ein Freund für sie sein und ihnen beistehen, wenn sie mich brauchen.
Ich werde weiterhin Erinnerungen mit ihnen kreieren und mit ihnen lachen.

Ich werde immer für sie da sein.
Bevor ich aber für alle anderen da bin, bin ich als allererstes immer für mich da.

Ich frage mich, ob es die Menschen sind, um die ich mir Sorgen mache oder ob ich mir um mich selbst Sorgen machen sollte?

8.5 Nächstenliebe

Es ist ein gutes Gefühl, wenn man weiß, dass man sich unter Menschen aufhalten kann, aber sie keinen Einfluss mehr auf einen haben.
Wenn sie mich kritisieren oder bewundern, dann ist das in Ordnung und ich nehme ihre Aussagen wahr.
Ich nehme sie ernst, denn sie sind Menschen und Menschen wollen ab und an gehört und verstanden werden.

Ich laufe weiterhin allein und komme wieder zurück. Ich laufe und lebe und komme zurück. Das werde ich immer.

Ich komme zurück, um sie neu kennenzulernen. Ich rede mit ihnen, weil ich ihnen helfen möchte, wenn sie nicht wissen, was ihnen ihr Herz zu verstehen geben möchte.

Zusammen möchte ich mit ihnen herausfinden und erlernen, denn sie sind Menschen und Menschen lernen voneinander.

Jeder Mensch ist etwas Einzigartiges für mich und ich möchte noch vieles von ihnen lernen.

Es gab Menschen in meinem Leben, die meine Engsten waren und dann langsam zu meinen Rivalen wurden. Sie machten sich lustig über mich und stellten mich als Außenseiter hin, weil wer geht denn allein ins Kino, Wandern oder Essen. Diesen Preis musste ich zwar bezahlen, doch für mich war es ein großer Gewinn meines Selbst.

Manchmal, wenn ich mich dazu entscheide,
wieder auf eine Party zu gehen, dann war es im nach hinein immer eine neue Lehre und eine gute Entscheidung. Dort war ich zwar der Außenseiter in ein paar Augen aber für viele auch ein Freund.

An Orte, wo viele Jugendliche verteilt und dennoch alle zusammen sind, entsteht bei mir immer dieses eine besondere Gefühl, das sich schwer in Worte fassen lässt.

All meine Mitmenschen sind an einem Platz auf einer Tanzfläche und gemeinsam tanzen wir, als wäre es unser letzter Tag der Zusammengehörigkeit. Es spielt für mich keine Rolle, ob ich mit Menschen zusammenkomme, die sich womöglich am nächsten Tag nicht mehr an mich erinnern. Es ist dieser eine besondere Moment, der sich länger anfühlt, als man eigentlich einen Moment definieren würde. Ein Moment der Freude und der von innen nach außen verbreitenden Glückseligkeit. Niemand weint und niemand weint jemandem hinterher.

Ich blicke in die Gesichter der Jugendlichen, die über beide Mundwinkeln hinaus grinsen. Wir kennen die Texte und wir singen sie nach, als hätten wir sie selbst komponiert. Nach jedem Lyrik vermissen, lieben oder hassen wir jemanden. Es bleibt. Dieses Gefühl und dieser Gedanke bleiben. Morgen kann es uns wieder einholen. Doch heute sind wir zusammen. Nicht nur um zusammen zu trinken und nicht um zusammen über den Sinn des Lebens zu sprechen, sondern um eine Gemeinschaft zu erzeugen, die nur in solchen Nächten entstehen kann. Und während ich inmitten meiner Freunde und Mitmenschen dem Rhythmus folge, fallen sich die Menschen um mich herum in die Arme, lachen und lassen ihre Augen aufleuchten. Ich blicke zu meinen Freunden, die auch dem Rhythmus nachgehen.

Wir grinsen, weil wir heute hier sind und nichts anderes mehr eine Rolle spielt.
Und in diesem Moment der Zusammengehörigkeit und des Strahlens frage ich mich,
ob dies ein *Ort der Nächstenliebe* ist.

„Oft warst du meine Definition von Verbunden-
heit und Freundschaft.
Du bemerktest meine Verunsicherungen zwischen
meinen Mitmenschen.
Und du sagtest, dass ich selbst aussuchen kann,
wo ich sein möchte.
Wenn ich dort nicht sein möchte, dann kann ich
gehen.
Ich glaube, du wolltest mir versichern, dass es ein
Geschenk sein wird, aus dem Fortgehen einen Er-
folg zu ziehen.
Nun verstehe ich, wie aus einem Verlust ein Erfolg
werden kann.
Ich entscheide endlich selbst, wo- und mit wem ich
sein möchte.
Du hast für mich gesehen, was ich selbst nicht se-
hen wollte.
Ich fühlte mich allein in dieser großen Welt.
Du hast mir gezeigt, dass es eine Gabe sein kann,
die Kunst des Alleinseins zu erkennen.
Du warst meine Person, dessen Sprache mir in
Not fehlte, wenn mir meine eigene Sprache fehlte.
Du warst meine Person. Du warst mein Freund.
Ich glaube, das wirst du immer sein."

9. DIE WICHTIGKEIT

Manchmal, wenn ich inmitten meiner Mitmenschen stehe und es wertschätze, ein Teil dieses Kreises zu sein, frage ich mich, was andere Menschen in meinem Alter wertschätzen.

Es klingt absolut absurd, dass ich es als einen Wert bezeichne. Bezeichnen wir es eher als eine gewisse Wichtigkeit unserer Generation.

Für Jugendliche und vor allem Mädchen in meinem Alter zum Beispiel, ist das Auftreten in der Öffentlichkeit etwas sehr Wichtiges.

Auch wenn es nur ein kleiner Wert von vielen ist, bedeutet er vielen etwas.

Wir wollen gut aussehen. Wir wollen gesehen werden. Wir wollen uns wohl fühlen, durch die Anziehung anderer Augen. Manchmal wollen wir nur uns selbst entsprechen und manchmal wollen wir der Vorstellung eines anderen entsprechen.

Wir verbringen viel Zeit, um sich als perfekt für jemanden anderen zu machen und zu sehen. Kommt es vor, dass wir uns selbst als überaus schön empfinden? Ich weiß es nicht.

Stehend vor dem Spiegel mit dem Gedanken daran, ob man der Vorstellung *dieses* Jungen oder Mädchen entspricht.

Wir wollen perfekt sein. Wir wollen gesehen werden.

Vielleicht sind wir in jemanden verliebt und wollen mit unserem Aussehen und unserem Charakter in seine Augen stechen.

Vielleicht wollen wir uns aber auch einfach nur *wohl fühlen*.

Ich hoffe, dass jeder Mensch, der den anderen Augen entsprechen möchte, irgendwann seinen eigenen Augen entspricht.

9.1 Etwas Wert-schätzen

Als ich etwa 16 Jahre alt war begann sich in meinem Leben viel zu verändern. Damals hätte ich es nicht als viel bezeichnet. Heute jedoch bezeichne ich es als viel, da ich vielleicht ohne diese Ereignisse nicht so wäre wie ich bin.

Ich merkte, dass ich immer mehr beobachtet und angesprochen wurde. Die unterschiedlichsten Menschen kamen auf mich zu, bewunderten mich für meine Offenheit und meine Leidenschaft das Skaten oder kritisierten mich dafür. Es war schon immer eine Schwäche von mir, Komplimente und Kritik zu umgehen und mit flüchtigem Grinsen zu flüchten. Ich tat das nicht, um von der, vor mir stehenden, Person bewusst wegzukommen, sondern weil ich in dem Moment nicht nachdachte und mich nicht darauf beruhen konnte. In meiner inneren Entwicklung lernte ich Wertschätzung zu empfinden. Ich hätte früher erkennen können es wert zu schätzen, z. B ein Kompliment zu bekommen. Aber genauso hätte ich die Kritik früher lernen sollen anzunehmen.

Dieser unglaubliche Begriff „*Wertschätzung*" befand sich in meinem Wortschatz nicht. Ich hatte ihn nie benutzt und auf den Gedanken etwas wertzuschätzen, kam ich auch nicht. Dieses Wort ist heute das stark Bedeutendste. Es reihen sich zahllose Erinnerungen zusammen an die Vergangenheit und die Gegenwart.

Wir *sehen* die Dinge, die wir haben. Wir *sehen* die Menschen, die uns begleiten. Wir *sehen* die Erde, die uns zum Spielen gegeben worden ist.
Wir sehen es zwar, doch sehen nicht wirklich hin.

Man nimmt jeden Tag etwas wahr und darauf sollte die Wertschätzung folgen.
Es sollte keinen Tag ohne Wertschätzung geben.
Denn allein, dass wir hier leben dürfen, hat seinen Wert.

Ich glaube, dass das nie vorüberzieht, denn nichts hat ein Ende. Es gibt kein Übermaß an Wertschätzung, sondern die Wertschätzung, die einen, auf das was man hat, besinnen lassen kann.

Keine Entwicklung und keine Wertschätzung, geht irgendwann zu Ende.

Wir können Wertschätzen, was wir besitzen aber wir können auch wertschätzen, was es alles bereits auf der Erde gibt, ohne dass man dafür bezahlen muss.

Menschen streben oft nach dem, was sie haben wollen und sehen nicht, was sie bereits besitzen.

Ich glaube, dass vieles, wenn nicht sogar alles, mit Anziehung zu tun hat.

Das Universum, das uns umgibt, erkennt unsere Gedanken und Gefühle. Ich denke jedoch, dass das Universum nicht zwischen Gut und Böse entscheiden kann.

Angenommen man beklagt sich innerlich ständig über sein Leben oder den Beruf oder die Person, die einen verletzt hat. Angenommen man steht im Stau und hofft, dass man ja nicht zu spät in die Arbeit kommt.

Das Universum zieht unsere Gedanken an und lässt verwirklichen, was wir denken.

Sei es etwas Gutes oder Schlechtes.

Es liegt in unserer Macht, wie sich die Außenwelt zeigt.

Wir selbst sind die Schaffer unseres Universums.

Alles was wir sind, ist ein Resultat dessen, was wir denken und gedacht haben.

Wir selbst kreieren unser eigenes Universum.

„Du hast so oft den Begriff Wertschätzung benutzt und ich konnte nicht verstehen, wie es ist, etwas wertzuschätzen.

Doch je mehr du wertschätztest, wie ich bin und wie ich auf dich wirkte, desto weniger fragte ich mich was Wertschätzung denn bedeute.

Du hast mir vermittelt, was Wertschätzung ist.

Du sagtest oft, dass ich ein Wertschätzer bin.

Irgendwann erkannte ich, was du mit diesem Begriff immer meintest.

Ich wertschätze, dass du ein Teil meines Lebens warst und mir vieles unbewusst beibrachtest.

Es tut mir leid. Ich hätte früher die Wertschätzung kennenlernen sollen, denn dann... wärst du heute vielleicht noch hier.

Ich sehe aber endlich, was du mir zu verstehen geben wolltest.

Das erste Mal in meinem Leben ziehe ich mehr Gutes als Schlechtes an, denn ich habe verstanden, dass ich der Autor meines Lebens mit Stift, Papier und einem Radiergummi bin."

10. ER-LERNEN

Jeden Tag lernen wir etwas dazu, erkennen Situationen anders und gehen bewusster oder auch unbewusster damit um. Es fällt uns selbst nicht auf, doch wir hören Gespräche zu und erfahren etwas Neues. Wir begegnen Menschen, die etwas fühlen wovon wir dachten, dass dieses Gefühl überhaupt nicht existiert. Wir bewegen uns ständig inmitten der Zivilisation und nehmen all die Reize außen herum auf.

Mir ist bewusst geworden, dass unsere Leben aus Lehren bestehen. Ich sagte am Anfang, dass sich für mich hinter allem irgendwie ein Fragezeichen bildete. Alles was ich aufnahm wurde zu einem *Wozu* und *Wieso*. Ich verbrachte monatelang nur um alles in Frage zu stellen und um dann die Antwort zu finden. Es gehörte zu meiner Erfüllung dazu einen Zusammenhang zwischen dem *Wieso* und dem Problem, der Angst oder der Situation zu erschließen. Irgendwann wusste ich, dass die Antwort nur eine andere Definition von der Lehre ist.
Das bezog sich aber nicht nur auf emotionale Frequenzen, sondern auf die gesamte Außenwelt.
Es war wichtig, dass ich mich immer an meinen Inneren Satz erinnere.

Ich betrachte mich selbst nicht mehr nur als Teilnehmer des Moments sondern auch als Beobachter. Ich beobachtete mich selbst in jeglicher Situation und das erste Mal merkte ich wirklich, wie ich mich dabei verhielt, auch wenn es nur bei Kleinigkeiten war. Am Stärksten erkannte ich meine Verhaltensweisen, bei Menschen, deren Schmerz ich ansehen konnte, ohne sie es aussprechen zu lassen.

Bei meinem Zweck des Daseins mit Glücksgefühlen zu füllen oder auch eine Art Selbststolz zu empfinden, gehört es auch dazu, Menschen zu helfen. Es spricht mich in meinem Leben als die sinnvollste Erfüllung an. Die sinnvollste Erfüllung, durch meine Worte, anderen zu helfen. Es muss nicht einmal sein, dass mich nach Hilfe gebeten wird. Oft reicht es meinen Mitmenschen, wenn wir zusammen nach oben in die dunkle Leinwand blicken, die gezeichnet von Sternen ist und über alles reden, was ein Leben beinhaltet. Das was sie über mein Leben wissen, reicht ihnen aus, um nach mehr zu eifern. Ich strebe nicht danach, meine Geschichte als Mittel zu benutzen. Doch oft hilft es den Menschen, wenn man von seinen eigenen Erfahrungen spricht.

Und jeder hat eine Geschichte. Jeder.

Ich möchte mich zurück erinnern an ein bestimmtes Gespräch, dass ich an dem Tag führte, an dem das beliebte Volksfest in meinem Ort stattfand.

10.1 Ort der Gemeinschaft

Jedes Jahr freut sich die Jugend auf diese Woche in der sie ihr Trachtgewand anziehen können. Manche von ihnen legten schon Monate zuvor Geld auf die Seite, nur für diese kurze- aber erlebnisreiche Zeit. Auch ich sparte letztes Jahr vieles, um auf dieses Event gehen zu können. Ich verprasste genauso viel Geld, wie ich verdiente.

Heute versuche ich nicht mehr so viel Geld an dem Ort zu hinterlassen.

Ich finde dennoch, dass es ein toller Platz ist, an dem viele Menschen zusammenkommen und sich wiedersehen können.

Dieses Jahr als ich das Gelände betrat fühlte ich mich ein klein bisschen frustriert. Jedes Jahr die gleichen Leute. Jedes Jahr das gleiche herum Geschreie. Jedes Jahr das gleiche Konzept.

Dieses Jahr schlenderte ich durch die Gänge, um nach Leuten zu sehen, mit denen ich mich gerne unterhalten würde. Es war wie letztes Jahr.

Ich gehe herum und die Menschen sahen mir nach. Einige kannte ich und ein paar hatte ich noch nie zuvor gesehen. Dieses Jahr machte ich aus mir aber keine große Show, sondern grinste die Teenager einfach nur an oder winkte. Sie erwiderten liebevoll.

Es bringt mich in Gedanken oft zurück in meine Schulzeit.

Nur war ich diesmal ein anderer Mensch. Wie ausgewechselt aber immer noch verrückt, aufgedreht und liebevoll, aber dennoch verändert.

Die Massen an Menschen drückten sich durch die Gänge, um denen zu begegnen, die sie vielleicht nur an solchen Tagen begegnen können. Die Band, die an diesem Abend spielte, ließ jedes Wort durch das Mikrofon die Münder der Besucher bewegen. Früher verband ich jedes Lied mit einer Person, die ich vermisste oder liebte. Beides vermischt war der möglichere Fall.

Ein Mädchen, etwa 16 Jahre alt, wackelte auf einer Bierbank herum und sang sich die Seele aus dem Leibe. Ihre Augen waren geschlossen und ich fragte mich, an wen oder was sie im Moment denkt. So etwas tue ich des Öfteren. Ich versuche in das Innere der Menschen zu sehen, die ich sehe. Die Feinheiten wahrzunehmen kann der Schlüssel zur Hilfe für andere oder zur Selbsthilfe werden.

Wir beobachten oft die Menschen und ziehen uns Entschlüsse daraus. Überall Fassaden, Masken,

Echtheit, Falschheit, traurige und glückliche Gesichter.

Während meine Augen von Biertisch zu Biertisch folgten, erkannte ich immer wieder alte Gesichter. Zu jeder dieser Gesichter hatte ich eine Erinnerung. Feste wie das Volksfest können eins der schönsten Gelegenheiten sein, alte Freunde wiederzusehen und sich strahlend zu umarmen.

Mir kam eine Bedienung entgegen, die mich im lauten Ton darum bat, auf die Seite zu gehen. Sie trug genug Bier mit sich herum, um einen Biertisch mit Jugendlichen befriedigen zu können. Die Frau war durch meine Augen noch sehr jung. Sie sah gestresst und erschöpft aus, wie so ziemlich alle Arbeiter auf diesem Gelände. Oft frage ich mich, ob die Menschen einen Nebenjob nur wegen dem Geld machen oder ob es auch Menschen gibt, die es wirklich mit Leidenschaft tun, weil sie es lieben unter Menschen zu sein und deren Anforderungen gerne mit dem herum tragen von Speisen und Getränken erfüllen. Es ist dasselbe, wenn ich im McDonalds stehe. Die Mitarbeiter fragen, was meine Bestellung ist. Sie sehen mich nicht an, sondern hören nur meiner Stimme zu. Ich frage mich, ob sie mich- oder wirklich nur die Bestellung wahrnehmen.

Ich glaube, dass diese Menschen einfach nur ihre Pflichten erledigen wollen, um das Geld zu bekommen. Das ist jedoch in Ordnung. Wir müssen dies tun, um finanziell über die Runden zu kommen. Und wir wollen es tun, da wir uns vielleicht einen langersehnten Wunsch leisten möchten.

Keins der Gesichter der Bedienungen scheint mir jedoch mit Leidenschaft verziert zu sein.

10.2 Die schwache Starke

Aus der Ferne sah ich ein Mädchen auf mich zu laufen, das ich kannte. Sogar sehr gut. Sie hatte mich angerufen und fragte, ob ich nicht doch aufs Volksfest kommen könnte.
Sie kam auf mich zu, grinste und dann weinte sie. Ich musste nicht lange darüber nachdenken, was ich jetzt sagen oder tun sollte. Ich packte sie und verschwand mit ihr auf einem Parkplatz 500 Meter weiter.
Ich habe einen Menschen noch nie so sehr weinen sehen. Ich versuchte sie zu beruhigen. Sie erklärte mir, dass sie sich gerade auf einen Jungen einließ, der sie nur als Befriedigung seiner Bedürfnisse benutzt hatte und sie fiel darauf rein. In diesem Augenblick betrachtete ich die Situation aus einem

ganz anderen Blickwinkel und redete mit ihr anders als ich es damals vielleicht getan hätte.

Ich sprach lange ohne Punkt und Komma. Ich redete auf sie ein als würde ich es jeden Tag machen. Das, was ich alles sagte, verwunderte sie sehr, genauso wie mich selbst.

Manchmal in gewissen Augenblicken finden wir die richtigen Worte für ein Gefühl. Es dauert nicht lange und dann verblasst es wieder.

Ich konnte ihr eine Art erlösende Gestik ansehen. Es war, als würde ich auf die Uhr sehen und meinen, stundenlang geredet zu haben, bis sie mich unterbrach.

„Es ist unglaublich wie schlau du geworden bist, was das Leben und die Liebe betrifft."

Ihre Mimik verzog sich in ein schmunzelndes Grinsen, während sie es aussprach. Es war aber nicht dieses Schmunzeln, das durch etwas Lustiges sich verformte. Sie blickte mich dabei nur eine Sekunde lang an und ließ ihre Augen danach wieder nach unten auf ihren Schoß fixieren. Kurz versuchte ich ihre Gestik und Mimik nicht nur anzusehen, sondern zu betrachten. Das Grinsen strahlte keine Freude aus, sondern Leere, die mit nichts als Hoffnungslosigkeit und Scham ausgefüllt war.

Ich bin in einem Jahrhundert aufgewachsen, in dem ich manchmal denke, dass das weibliche junge Geschlecht mehr als Objekt angesehen wird als ein Wesen. Wir bekommen es immer mehr mit, wie Mädchen durch Jungen an unüberlegten Entscheidungen zu Grunde gehen.

Andersrum natürlich genauso. Manchmal stelle ich es so dar, als würden Mädchen mehr fühlen als Jungen. Aber das ist reine Interpretationssache. Ich finde es schade, dass man oft denkt, dem Jungen wäre es völlig unbedeutend, was er tat oder sagte. Ich glaube, es gibt diese Jungs, die die Gefühle in sich hinein wandern lassen und die andere Sorte, die genauso darüber reden könnten, wie das emotionalste Mädchen der Welt.

Dadurch, dass ich meine Mitmenschen verstehen möchte, was im Tiefsten mit ihnen geschieht, bemerkte ich es auch ihr an. Sie ist ein wunderschönes Mädchen mit kristallblauen Augen, die sich im blausten Meer spiegeln könnten. Ihre Offenheit erwies sich oft als Hilfe für ihre Freunde an. Dabei vergaß sie aber ihre eigene Hilfe.

Sie zeigte es selten, doch sie war einer der zerbrechlichsten Wesen, die ich glaubte zu kennen. Ihr selbst konnte ich nicht ansehen, was genau der Grund ihrer Facetten war.

Es wurde geredet. Es wurde so viel geredet und jeder erfuhr von ihren Taten, die sie sehr bereute oder auch nur versuchte zu bereuen. Sie fiel über jeden Jungen her, der ihr nur ein gewisses Maß an Zuneigung vermittelte. Es waren aber alles nur falsche Gesten. Sie wurde nur für den Moment ausgenutzt und danach weggeworfen und vergessen, als wäre sie nie dort gewesen. Sie sollte nur das nötige Mittel ihrer Befriedigungen darstellen. Ihre Schwäche war es jedes Mal, schwach zu werden und nachzulassen.

Und es wurde wieder geredet und wieder.

So saßen wir an jenem Volksfest-Abend entfernt von den Massen.

Der Grund, wieso ich sie eigentlich davon wegzog und mit ihr verschwand, war dass sie wieder ein solcher Fehler machte.

Für einen selbst erscheint es in der entscheidenden Sekunde als Richtig, bis die Sekunde vorbeigeht.

Sie kam mit diesem Jungen aus ihrem Versteck herausgeschlichen und er entfernte sich von ihr mit einem verlogenen Grinsen im Gesicht. Er hatte sein Bedürfnis auf die einfachste Art und Weise stillen können. Sie kam auf mich zu und grinste. Es dauerte fünf Sekunden bis sie ihr Gesicht in ihren Händen vergrub und in Tränen ausbrach. Es fühlte sich richtig an und dann wurde es zu einer ihrer Taten, die sie nicht hätte tun sollen.

Als ich sie von all den starrenden Augen und Gelächtern rettete und wir allein waren, drehte ich mich, nachdem ich vieles sagte, zu ihr hin und umhüllte ihr Gesicht mit meinen Händen. Ich blickte ihr in die Augen, die mit Wasser gefüllt waren.

*„Das Problem ist nicht, dass du immer wieder darauf reinfällst. Der Anker, der dich davon zurückhalten würde, ist **Nein zu sagen**. All die Jungs sehen dich nicht als Unerreichbar, sondern als Erreichbar. Sie stehen nicht Schlange, sondern entscheiden über den Moment, ob sie gerade Lust haben oder nicht und dann wissen sie, dass du dich am besten dafür eignest. Sie wissen wie schwach du bist oder sehen dich als „cool drauf" an, weil du eben mitziehst. Könntest du den Begriff „**Nein**" aussprechen, versichere ich dir, würden sie merken wie unerreichbar du wirklich bist.*

Das du nur erreichbar bist, wenn sie ehrlich sind und dann vielleicht sogar der Wahre dabei ist.

*Wenn du beim nächsten Mal **NEIN** sagen wirst, werden sie erst mal überrascht reagieren und dann mit der Zeit begreifen.*

Wenn du nicht mehr willst, dass über dich geredet wird, dann musst du es laut und deutlich aussprechen und wenn du es wirklich willst, dann schaffst du es auch.

Du musst lernen Nein zu sagen, damit du beim Richtigen Ja sagen kannst. "

All die Etappe über starrte sie mich an. Es war, als würde sie versuchen an meinen Aussagen festzuhalten und es zu bewahren. Sie konnte erneut ihre Tränen nicht mehr halten. Diesmal war es aber anders. Sie musste dabei etwas grinsen und ich konnte ihr eine gewisse Erlösung ansehen. In diesem Moment hatte ich das Gefühl, dass eine kleine innere Heilung ab diesem Zeitpunkt begann. Sie wird zwar nicht vergessen, was geschehen war, doch sie wird versuchen es zu verarbeiten und irgendwann den Mut haben, *Nein* zu sagen. Ich konnte aus ihrer Stimme heraus-hören, dass sie wirklich alles dafür geben wird, um beim nächsten Dilemma nur diesen allereinzigen Begriff auszusprechen.

Ich half ihr über die nächsten Wochen immer wieder, wenn sie ihr Ziel kurz aus den Augen verlor. Ich erinnerte sie daran, dass sie es möchte und schaffen wird. Bei der nächsten Feier, auf der wir uns trafen, strahlte sie über beide Mundwinkel hinaus und erzählte mir, dass sie „*Nein*" sagte zu einem Jungen, der sie wieder mit sich ziehen wollte.

Man stellt es sich so einfach vor, etwas zu umgehen, auf das man jahrelang reinfiel.

Ihre Erfolge, wirkten sich nicht nur auf sie positiv aus. Ich war sehr stolz auf sie.
Es lässt mich immer wieder staunen, wie ein Mensch auf den anderen wirken kann.
Im tiefsten Schmerz trat auf einmal ein Mensch in ihr Innerstes, der ihr einen Rat mit auf den Weg gab, dem sie schlussendlich einen Haken setzen konnte.

Jemandem beistehen sollte **nicht nur** als Mittel dienen, um dem anderen etwas Gutes zu tun. Dass man jemand etwas Gutes geben konnte, sollte einen selbst auch gut fühlen lassen.
Ich konnte meiner Freundin helfen, indem ich ihr den Schlüssel zur Veränderung ihres Rufs gab.
Sie griff nach ihm und änderte ihren Ruf.
Und das meisterte sie ganz allein.

Heute sehe ich sie mit ihrem Freund durch die Welt laufen, der sie sehr liebt.
Ich bin sehr stolz auf sie.
Ich selbst bin auch stolz auf mich, denn ich fand die richtigen Worte im richtigen Moment für sie.

Jemanden beistehen sollte für jeden
die Hilfe der Selbsthilfe sein.

„Ich erzählte dir oft, wem ich heute half.
Ich erzählte dir, wen ich heute glücklich machen
konnte.
Du sagtest, dass ich eine gute Seele bin.
Ich habe immer bewundert, wie sehr du für deine
Mitmenschen da bist.
Bis ich selbst zum Zuhörer und Helfer meiner Mit-
menschen wurde.
Du warst in all den Prozessen während des Al-
leinseins mein Zuhörer und mein Helfer.
Du warst nicht meine Inspiration, aber du warst
die Person, die mich verstehen ließ, dass das was
ich tue und wer ich bin, genau richtig ist.
Durch dich habe ich die Welt verstanden.

Vielleicht wollte ich, dass du auf mich stolz bist
und das warst du auch.
Dennoch glaube ich heute, dass es reicht, manch-
mal für sich selbst den Stolz zu empfinden.“

11. FRAU BIANCHI

August 2019.

Es verging viel Zeit, seitdem ich das letzte Mal an meinen Gedanken schrieb.

Die letzten Monate verbrachte ich viel Zeit mit mir selbst. Ich gestaltete weiterhin jedes Wochenende, indem ich wandern ging oder Pinakotheken besuchte. Die unterschiedlichsten Gemälde zu betrachten und daraus ein Gefühl zu ziehen, wurde auch zu einer Art Leidenschaft.

Ich bereiste für zwei Wochen das Land Italien mit dem Camper meines Vaters.

Die Reise war schon lange zuvor geplant mit einem sehr guten Freund. Ein Tag bevor wir die Reise antreten wollten, musste er mir absagen und ich war allein auf mich gestellt.

Ich stellte mir die Frage, was ich nun tun soll.

Habe ich den Mut und fahre allein?

Fahre ich nicht und verpasse vielleicht die schönste Zeit meines Lebens?

Das erste Mal allein zu Reisen, erfordert Mut. Ich weiß nicht, woher ich mir dann den Mut zog, doch ich wusste genau, dass ich herausfinden wollte, ob und wie lange ich es schaffen werde, allein zu reisen.

Wie lange ich es aushalten würde, ohne vertraute Konversationen und ohne konkrete Struktur.

Die Sicherheit war anfangs nicht bestehen, doch je öfters ich Menschen begegnete und wertschätzte wo ich mich im Moment befand, desto mehr festigte sich eine bestimmte Sicherheit über mich selbst.

Die Mehrheit der Menschen reist mit zwei oder mehreren. Manche reisen allein.

Ich wollte zwar mit einem Freund reisen, doch war im nach hinein mehr als fasziniert davon, wie gut ich es allein meisterte.

Wochen zuvor, traf ich eine Freundin aus meiner Klasse, die mir von ihrer alleinigen Reise durch Neuseeland erzählte.

„Anfangs bist du immer allein. Dann begegnest du anderen neuen Menschen und am nächsten Tag begegnest du wieder neuen Menschen. Es hört nie auf, bis du zurück gehst und wieder allein auf dich gestellt bist. Am Ende bleibst immer du über, egal in welcher Situation."

Am Ende bleibst immer du selbst über.

Dieser Satz kann die Menschen die Angst fühlen lassen oder den Menschen die Augen öffnen.

Ich finde dennoch, dass dieser Satz eine faszinierende Wirkung haben kann.

Es ist wie, als würden wir jemanden lieben und geliebt werden und dann irgendwann erscheint es uns als unmöglich jemals wieder allein zu sein.

Aber am Ende bleibst nur du selbst über.

11.1 Das Cafe

Mit der Zeit fühlte ich mich sehr wohl dabei, allein durch Italien zu fahren. Ich war der Freiheit näher als ich es je hätte sein können. Ich schlenderte durch Städte, durch Dörfer, am Meer entlang und folgte den Strahlen der Sonne. Ich begegnete Menschen. Ich erzählte ihnen meine Geschichte. Jeder hat eine Geschichte. Der Mensch wertete mich nicht.

Mir begegneten Menschen. Sie erzählten mir ihre Geschichte. Jeder hat eine Geschichte. Ich wertete die Menschen nicht.

Jeder hat eine Geschichte.

Als ich mich also dazu entschloss, die Reise allein anzugehen, hatte ich noch keine Ahnung, wo ich überhaupt hinwollte. Am nächsten Tag stieg ich in den Bus und war startklar. Ich wusste nicht wohin, aber ich wusste, dass es Richtung Italien gehen sollte.

Und so begann meine Reise, die von heute auf morgen entschieden worden war und am Ende mir die unglaublichsten Erfahrungen brachte.

Ich reiste durch Bologna, Verona, La Spezia und durch die magischste Stadt der Welt, Florenz.

Ich durfte am ligurischen Meer sitzen und die Gebirge am Meeresrand betrachten. Ich besuchte einen Freund am Gardasee und fuhr mit ihm tagelang Boot. Meine Reise beendete ich, indem ich die letzten vier Tage die Menschen, die wie meine zweite Familie sind, in ihrem Häuschen am Campingplatz Nähe Venedig besuchte.

Bis zu diesem Punkt beruhigte es mich, zu wissen, dass es einen Unterschied gibt zwischen *einsam fühlen* und *allein sein.* Ich war allein, aber nicht einsam.

Ich begegnete Fremden, die für einen Abend mein Freund waren. Es hat etwas magisches, fremden Menschen zu begegnen und mit ihnen über das Leben zu reden. Und am nächsten Tag werden sie wieder zu Fremde und man weiß, dass man sich nie mehr wieder sehen wird. Nur die Erinnerung und die Lehre, die man sich aus den Geschichten des Fremden zog, bleiben einem für immer behalten.

In Florenz, die wie eine Stadt der Kraft für mich wurde, saß ich an einem Samstagabend in einem Kaffee. Ich beobachtete die Menschen, die auf dem Marktplatz sangen und tanzten. Die Touristen versammelten sich außen um sie herum und fotografierten jede Bewegung. Ich war glücklich darüber, am helllichten Tag im Trubel zu sein, denn dort war ich weniger in Gefahr. Als ich gerade meine Augen wieder zurück auf mein Reisetagebuch fixieren wollte, stand vor mir auf einmal eine alte zierliche Frau. Ich erschrak etwas, doch die Frau blieb ganz gelassen und fragte mich, ob ich denn allein sei und mir vielleicht Gesellschaft wünsche.

In jener Nacht lernte ich also die Italienerin Frau Bianchi kennen.

Frau Bianchi erzählte mir vieles über ihren Heimatort Florenz. Sie wohne allein, denn ihre Kinder seien in Deutschland und ihr Mann verstorben. Ihre Muttersprache war zwar italienisch, dennoch konnte sie noch etwas Deutsch, das ihr in Kriegszeiten beigebracht wurde.

Frau Bianchi war der magischste Mensch, dem ich jemals begegnete. Sie war sehr alt, aber ihr Herz schien, als sei es immer jung geblieben.

Heute erscheinen mir ihre Aussagen, als die größten Lehren, die ich lernen durfte.

Frau Bianchi und ich unterhielten uns eine lange Zeit. Ich erzählte ihr von meiner Hinfahrt nach Italien. Ich bestätigte ihr, dass Florenz ein wunderschöner Ort der Kraft ist. Frankreich war eigentlich das Ziel meiner Reise, jedoch sagten viele Menschen zu mir, dass Frankreich ein geiziges und unfreundliches Land sei.

Frau Bianchi grinste daraufhin und fing an zu reden.

„Es ist nicht das Land. Es sind die Menschen. Auch im scheinbar herzlichsten Land, gibt es Dummköpfe. Es sind nicht die Länder oder das gute Essen, das uns serviert wird.

Es sind die Menschen.

An jedem Platz auf diesem großen Planeten gibt es Menschen mit Herz und Menschen mit dunklen Seiten. Doch auch die Menschen mit Herz, haben dunkle Seiten, sowie die Menschen mit dunklen Seiten ein Herz haben.

Die Menschen entscheiden selbst darüber, wie sie sich zeigen und was sie verstecken.

Es sind die Menschen, nicht das Land.

Es sind die Menschen, ragazza."(*Mädchen)

Durch Frau Bianchi lernte ich vieles über das Erscheinungsbild der Menschen. Ich verstand, dass es nicht nur böse Menschen gibt und nicht nur Gute. In jedem steckt etwas Gutes, auch wenn man vielleicht nur das Böse an ihm sieht.

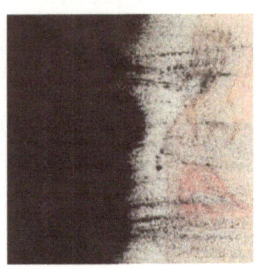

Meine Reise durch Italien fuhr ich fort. Die ersten Tage meiner Reise versuchte ich noch so gut es geht, vorzuplanen. Nach den ersten Nächten in Florenz, hatte ich mich dazu entschieden, jeden Tag im Bus einzuschlafen, mit der Frage, wo ich morgen wohl einschlafen werde. Jedes Mal grinste ich über diese Tatsache, dass ich nicht weiß, was als nächstes kommt. Doch das Nächste war jedes Mal genauso schön wie das Vorherige.
Täglich packte ich früh morgens den Bus zusammen und mein einziges Ziel war die Autobahn. Ab da an folgte ich den Schildern.

Ich fragte mich mit Bewusstsein, ob ich Lust auf Bologna habe oder doch lieber weiter nach Rom fahren sollte. Die Entscheidungen waren in Sekundenschnelle getroffen. Es war, als hätte ich mich fast verfahren und zog das Lenkrad noch schnell nach rechts, um die Ausfahrt nehmen zu können. Oft musste ich laut über diese Tatsache lachen, dass ich mich gerade wirklich in einer Sekunde entschieden hatte, welchen Ort ich als nächstes sehen möchte.

Der warme Sommerwind, der durch meine geöffneten Fenster hineinwehte, ließen mich fühlen, wie sich Freiheit anfühlt. Ich konnte nicht glauben, wie vollkommen es sich anfühlen kann, allein zu sein.

11.2 Gefahren

Angst hatte ich jedoch immer. Die Angst verließ mich niemals. Es war wichtig, dass ich immer bei vollem Bewusstsein bin, um auf mich aufpassen zu können. Ich verfuhr mich. Ich landete an einer Tankstelle, an der ein Mann in mein Bus steigen wollte.

Ich war immer allein auf mich gestellt und das bedeutete auch, Gefahren etwas näher zu sein.

In Bologna entschloss ich mich das erste Mal dazu, auf einem Parkplatz inmitten der Stadt zu übernachten. Ich hatte zwar noch genug Geld, aber wollte die Möglichkeit ausnutzen, um für ein Tag Geld zu sparen.

In Bologna war überall Trubel und viele Menschen waren auf den Straßen unterwegs. Die Menschen dort feierten einen Feiertag und alle waren verteilt in Restaurants, Bars und Cafe`s.

Ich aß die beste Pizza am Platz der berühmten gotischen Kirche Basilica San Petronio.

Ich beobachtete die Menschen auf dem Platz. Sie lachten, waren verkleidet, sangen und tanzten als eine große Gemeinschaft. In diesem Moment war es das Schönste, das ich seit meiner Reise gesehen hatte. Die Menschen sie strahlten, als wären sie in einem Paradies voller bunter Welten.

>*Die Menschen, sie denken gerade nicht an die Probleme ihres Selbst und an die unserer Erde.*
Sie denken nicht daran, dass der Amazonas im gleichen Moment auf der anderen Seite der Erde abbrennt.
Die Menschen, sie leben den Augenblick.
Und dieser Augenblick ist ein Moment des Friedens<

In diesem besonderen Moment schien es mir so, als gäbe es keinen Hass und unsere Erde ein Planet voller Liebe und ohne Narben.

Ich ließ den Abend mit einem Glas Wein beenden. Es war mittlerweile schon sehr spät und der Himmel dunkel. Keine Sterne waren zu sehen, nur die Dunkelheit. Ich machte mich langsam auf den Weg zurück zum Standort, wo mein Bus war. Es waren einige Kilometer bis dorthin und der Weg erschien mir zuvor noch nicht so weit. Die Straßen leerten sich und es waren kaum noch Menschen und Autos zu sehen. Immer wieder bewegte ich mich an Obdachlosen vorbei, die mir noch lange nachsahen. In dieser Zeit überstieg mich langsam das Gefühl der Angst und der Unsicherheit.

Immer wieder kamen mir Menschen entgegen, die auf mich Böse wirkten, obwohl ich wusste, dass auch das Gute in ihnen existiert.

Das erste Mal wünschte ich mir, jemand Vertrauten an meiner Seite zu haben. Doch so war es nicht und ich musste akzeptieren, dass ich mich nun selbst aus der Gefahr und der Angst lösen muss.

Ich kam schließlich erleichtert am Bus an und musste an eine Aussage denken, die mir einst die wichtigste Person in meinem Leben übermittelte.

„Wieso geben wir uns oft den Gefahren hin? Gefahren sind zu vermeiden. Wir können uns den Gefahren stellen oder einfach von Anfang an umgehen."

Ich schaltete mein Handy an und suchte nach dem nächsten Campingplatz in meiner Nähe. Mit schnellerer Geschwindigkeit, als erlaubt, verließ ich Bologna. Abgelegen von der Zivilisation erreichte ich den Campingplatz. Es war mittlerweile schon 2:00 Uhr in der Früh. Die Rezeption war dunkel und keine Menschenseele war zusehen. Ein paar Stimmen, die direkt vom Gelände kamen, konnte man noch hören. Ich ging einige Mal um die Rezeption herum und hoffte, dass irgendjemand kommen würde, doch es war keine Menschenseele zu sehen.

Eine halbe Stunde später, saß ich in meinem Campingstuhl am Platz von einem älteren Engländerpaar, die mich noch auf ein Getränk einluden.

Es tauchte ein Mann an der Rezeption auf, der mir zwar weiß machte, dass es schon zu spät sei, um auf dem Campingplatz zu fahren, dennoch ließ er mich rein, da er mit dem Gedanken, dass ich allein war, nicht zu Recht kam.

Frau Bianchis Lehre hat sich wieder gezeigt.

Es ist nicht das Land. Es sind die Menschen.

Ich verlor nie den Mut und wollte immer mehr und mehr von der Kultur und der Landschaft Italiens sehen. Meine Wege führten weiterhin durch die exotischsten Orte. Ich wollte das ligurische Meer sehen und war fasziniert von dem Ausblick meines dortigen Campingplatzes. Es war ein kleiner- aber magischer Ort mit bunten Häusern und gerillten Fenstern. Dahinter war das ligurische Meer, als eine blaue Weite zu bestaunen. Stundenlang saß ich am Meeresufer und blickte in den Himmel, der sich von lila zu gelb verfärbte.

In diesen Augenblicken wollte ich an den Menschen denken, der mir fehlte. Mittlerweile habe ich nämlich verstanden, dass ich ab und an meine Gefühle steuern, verändern und an- und abschalten kann.

Ich beobachtete die Sonne, die ihre tägliche Aufgabe erfüllte, indem dass sie stirbt, um ihren Freund, den Mond, leben zu lassen.

Ich schmunzelte, während ich meine Augen weit blicken ließ.

Hinter diesem Horizont war der Mensch, der mich verstand und meine Sprache sprach, aber den ich, glaubte ich, verlieren werde. Ich dachte an die Erinnerungen, an das Lachen und an die Zeit, die ich mit diesem Menschen erleben durfte.

Der Augenblick war gezeichnet von Traurigkeit und dennoch fühlte ich die Vollkommenheit.
Ich teilte meine Gedanken mit dem rauschenden Meer, der vorbeiziehenden Vögel und dem von Farben gezeichneten Himmel.

Als die Sonne als ein roter Ball hinter den Felsen verschwand, versprach ich mir eins.
Wenn ich diesen Menschen verliere, werde ich mindestens genauso fest an mich selbst glauben, wie die Menschen, die mich lieben.

In den nächsten Tagen fuhr ich mit meinem Bus Richtung Ende meiner Reise.

Die letzten vier Tage verbrachte ich bei Menschen, die ich zuhause immer oft besuchte, da sie auf mich wie eine zweite Familie wirken. Ich war mehr als glücklich, sie zu sehen. Wir genossen zusammen die letzten Tage meiner unerklärlichen Zeit. Jeden Tag erkannte ich mehr den Wert dahinter, Menschen zu haben, die sich auch wie Familie anfühlen können.

Ich danke dem Leben dafür, dass ich diese Menschen in meinem Herzen habe, die mir immer einen Platz an ihrer Seite ermöglichen und mich aufnehmen.

Ich war gerne allein, doch ich musste nie einsam sein. Man kann immer auf die Menschen zugehen und sie werden uns annehmen oder aber auch abweisen.

Ich betrat die Reise als ein Mensch, der tief mit unzähligen von Gedanken verbunden war. Diese Reise wurde die Reise zu diesen Gedanken und den dazugehörigen Gefühlen.

Ich lernte mich näher, tiefer und besser kennen und erforschte mein Inneres auf eine intensivere Art und Weise.

Manchmal können wir auf einem Abenteuer alle Gefühle und Gedanken nach außen geben. Wir können in der Zeit des Alleinseins allen Weltwundern davon erzählen und sie werden uns daraufhin Antworten geben. Wir müssen sie nicht nach Antworten fragen, sondern ihnen nur davon erzählen. Und wenn das, was wir denken und fühlen, nicht halb so schön ist, wie die Aussicht auf die Welt, dann haben wir unsere Antwort bekommen.

Wenn wir anderen Orten und anderen Menschen begegnen, werden wir auch andere Antworten finden und bekommen.

11.3 Gut und Böse

Es stimmt, was meine Person mir einst sagte.
Wir können uns den Gefahren stellen oder die Gefahr einfach von Anfang an umgehen.
Meine Gefahr war es immer, darüber nachzudenken, was womöglich als Nächstes geschehen wird. Ich dachte daran, einen Menschen zu verlieren und wie ich schon sagte, das Universum zieht unsere Gedanken an und lässt verwirklichen, was wir denken.
Angst davor zu haben, jemanden zu verlieren, beweist, dass wir jemanden mehr lieben können als jeden anderen Menschen auf dieser Welt.

Ich dachte viel zu viel über all die Fehler und über die Selbstschuld nach. Und genau mit diesen Gedanken begab ich mich immer in gefährliche und bedrückende Stimmungen. Ich begab mich, besser gesagt, immer selbst in Gefahr. Natürlich muss man über etwas oder jemanden nachdenken, denn das Denken ist der Schlüssel zum Fühlen oder aber auch andersherum.

In diesem Augenblick, indem ich in Lerici am Meer saß und nur die Stille hörte, wollte ich nachdenken. Ich wollte es bewusst, denn ich musste mich fragen, dass wenn ich sie verliere, was ich an mir selbst auch alles verlieren werde.

Denn mit ihren Worten lernte ich mich selbst, die Welt und die Menschen besser kennen.

Durch diesen Menschen verstand ich die Welt, das Leben und mich selbst. Durch diesen Menschen fühlte ich mich etwas sicherer auf der Erde.

Ich habe diesen Menschen mehr als alles andere geschätzt und geliebt.

Ich habe jedoch gelernt, dass ich als aller erstes immer mich selbst lieben muss und das habe ich während unserer Verbindung oft nicht getan.

Doch heute, stehe ich auf dem Podest und nicht jemand anders. An zweiter Stelle kann der Mensch stehen, den ich am meisten liebe.

Doch als allererstes bin ich am Wichtigsten, bevor meine Mitmenschen das Wichtigste für mich sind.

Frau Bianchi hat mir nicht nur gelehrt, dass es das Gute und das Böse in den Menschen gibt, sondern auch, dass wir entscheiden müssen, bei welchen Menschen wir welche Seite zeigen.

Den Menschen, die wir lieben, sollten wir immer nur das Gute geben und das Schlechte in uns vergraben. Den Menschen, die wir hassen, sollten wir nicht das Schlechte, sondern auch das Gute in uns zeigen, damit sie erkennen, dass auch sie Gut sein können.

„Meine Reise durch Italien war auch eine Reise
des Nachdenkens.
Ich glaube in dieser Zeit, zerbrach unsere Zeit
schon langsam.

Du hast mich bis zu dieser Reise immer begleitet
und lerntest mir zu laufen.
Doch dann liest du mich los und schubstest mich
in die Welt hinaus.
Ich sollte selbst versuchen zu laufen.
Ich stelle es mir so vor, als wolltest du, dass ich
sehe, dass ich auch ohne dich dieses Gefühl von
Liebe zum Leben empfinden kann.

Nur in ganz bestimmten Momenten erzählte ich
dir von meiner Reise durch Italien, während ich
dem Rauschen des Meeres zuhörte.
Ich wusste bereits, dass ich dich verlieren werde,
dennoch konnte ich nicht loslassen.
Meine Mama sagte einmal zu mir, dass wenn man
jemanden braucht, dann muss man um ihn kämpfen.
Glaub mir, wenn ich sage, dass ich immer nur
versuchte dir das Gute zu geben, anstatt dich zu
erdrücken.
Nach meiner Reise wurde mir bewusst, dass es
nicht Gut aber auch nicht schlecht war, was ich
versuchte zu geben und zu sagen.

Ich selbst war das Gute und das Böse.
Frau Bianchi hatte Recht.
Ich habe ein Herz und die böse Seite.
Ich gab dir anfangs mein Herz, das du festhieltst und wertschätztest.
Dann kam es und ich dachte, dass die schlechte Seite zu dir, meine gute Seite sei.

Du aber gabst mir immer nur das Gute.
Ich konnte nie sehen, was du alles für mich aufgabst.
Ein guter Freund sagte mir einmal, dass es ihm reicht, wenn er weiß, dass seine Freundin da ist und ihn liebt. Allein diese Bestätigung reicht ihm aus, um in der Welt zu explorieren und um glücklich zu sein. Er wusste nämlich, dass es eine Person gibt. Und diese eine Person reichte ihm, um sich wie der meist vollkommene Mensch der Erde zu fühlen.
Es tut mir leid, wenn ich sage, dass ich denke, dass ich vielleicht genauso wie er dachte.
Ich weiß jetzt, dass wir Menschen nicht nur mit unserer Liebe erfüllen-, sondern auch erdrücken können.
Ich werde alles geben, damit ich die Menschen nicht mehr erdrücke.
Ich werde lernen, wie man Menschen, die man liebt, vor sich selbst beschützt. Ich werde lernen,

dass man sich manchmal zurückhalten muss, um
dem Schlechten keine Chance zu geben, nach au-
ßen zu kommen.
Ich werde lernen, ohne deine Anwesenheit zu mir
und deine Worte an mich, zu leben.
Ich werde weiter meinem Weg folgen und neu lau-
fen lernen.
Ich werde lernen, wie man ohne einen Anker auf
der Erde lebt.

Du erzähltest mir einmal in meinen Erinnerungen,
dass Florenz die magischste Stadt für dich gewe-
sen sei.
Und du hattest Recht. Ich habe es auch gesehen!
Es ist wirklich die magischste Stadt der Welt.
Ich verstand endlich, dass du sagtest, dass dieser
Ort dir Kraft gab.
Ich suche nach einer Welt, in der ich dich niemals
hätte verletzen können.
Und Florenz war die Welt, in der ich dich niemals
hätte verletzen können.

Du sagtest, ich werde geliebt, wenn ich nichts
mehr fühlen konnte.
Du sagtest, ich werde festgehalten, wenn ich mich
nicht mehr halten konnte.
Wenn ich nicht dazugehörte, sagtest du, dass ich
zu euch gehöre.

Durch dich fand ich meinen eigenen Wert.

Manchmal warst du alles für mich.
Und oft warst du nur die Person, mit der ich
durch den größten Spaß bin.
Mit dir musste ich lachen und solange wir noch
lachten, war alles gut.

Wir hatten vom Guten zu viel und vom Schlechten
genug.
Ich werde irgendwann einen Wunsch in das Uni-
versum senden.
Und vielleicht werden wir uns dann irgendwann
wiedersehen.
Wir werden uns wiedersehen und wir werden
wieder lachen und so lange wir lachen, wird alles
gut sein."

12. AMOR(E)

Menschen finden sich gegenseitig.
Menschen finden sich selbst.

Menschen verlieren sich gegenseitig.
Menschen verlieren sich selbst.

Viele Menschen verbinden den Begriff „Liebe" mit
einer Beziehung oder dem Wunsch danach.
Liebe zu definieren ist unmöglich.
Liebe zum anderen,
Liebe zum Leben,
Liebe zu einer Leidenschaft,
Liebe zur Welt,
Liebe zur Natur
und Liebe zu sich selbst.

Ich glaube, dass die Liebe in allem steckt und alles
definiert.

Menschen lieben die Liebe und wenn sie sie finden,
halten sie sie fest, als wäre es ihr Zweck, um glücklich zu sein. Man fühlt, dass man geliebt wird und
es erscheint einem als gäbe es nichts Wichtigeres
mehr, außer die gegenseitigen Bestätigungen des
Liebens.

Ich glaube, dass Bestätigungen einen höheren Wert besitzen als die Zuneigung. Dieses Gefühl, dass jemand da ist, vielleicht nicht sichtbar, aber dennoch Anwesend im Herzen und in der Seele.

Dieses Gefühl kommt durch die Bestätigungen, dass man wichtig für jemanden ist. Dass man einen großen Platz im Leben des anderen füllt.

Wenn man das Leben eines anderen füllt, erfüllt es einen selbst.

Es erfüllt, da man selbst die Kraft ist, die man dem anderen gibt, nur indem man ihn liebt.

Mit dem Gefühl des Verliebtseins konnte ich nie wirklich eine Verbindung eingehen. Ich habe zwar erlebt, wie es ist, verliebt zu sein. Ich habe erlebt, wie sich die Liebe auf zweiteilt und ich habe auch erlebt, wie sie wieder zur einseitigen Liebe wird.

Ich habe vieles in den letzten Monaten gelernt und entwickelt und dennoch versuche ich die Herzen der verliebten Menschen zu verstehen.

Es ist wie ein Gefühl, das ich studieren möchte.

Selbst konnte ich mir dieses Gefühl nie wirklich definieren.

Meine Mitmenschen streben in Zeitabschnitten für diese Liebe. Die Menschen unterhalten sich darüber, um ihre Gefühle mitzuteilen. Sie weinen

darüber oder fühlen sich das erste Mal vervollständigt mit der Liebe des anderen im Herzen.

Ich habe zwar Erfahrungen mit diesem mächtigen
Gefühl gemacht, dennoch fehlen mir die Worte, um
zu schildern wie es ist, zu lieben und geliebt zu
werden.

Ich möchte dennoch versuchen genau über *diese
eine bestimmte Liebe* zu reden.

Über die, die man als erstes sieht, wenn man über
den Begriff und das Gefühl nachdenkt.

Die Liebe, die ich an den Menschen existieren habe
sehen und die, die ich von den Menschen fortgehen
habe sehen.

Die einseitige Liebe.

Die gegenseitige Liebe.

Und vielleicht... die wiedereintretende einseitige
Liebe.

12.1 Ver-lieben

Ich glaube, dass Verlieben ein Prozess ist, der sich
solange abspielt, bis der Prozess beendet wird.

Beendet wird er, wenn man bekommen hat, was
man entwickelte und sich erwünschte.

Verliebtsein ist kein Dauerzustand, sondern eine
Phase, die sich wieder auflöst oder in die Liebe
übergeht.

Wann bemerkt man, dass man im Prozess des Verliebens ist?

Es ist dasselbe als ich mich fragte, ob man bemerkt, wenn sich die Liebe zu etwas entwickelt.

Oder passiert es wirklich einfach so?

Im Prozess des Verliebens liebt man anfangs manchmal allein.

Ich finde es eigenartig, dass viele sagen, dass man das *„Single-Leben lebt. "*

Dieser Begriff erscheint mir so, als gäbe es nur zwei Wertungen.

1. Das Single-Leben
2. Das Beziehungs-Leben

Es erscheint mir so, als gäbe es keine anderen Leben, sondern man lebt entweder den Lebensstand Single oder den Lebensstand Beziehung.

Ich finde Bezeichnungen wie diese, beschreiben nicht nur das Leben, sondern auch einen selbst.

Wenn man sagt, dass man ab heute das Single Leben lebt, hört es sich oft an, als würde man nun zum Draufgänger werden und kann endlich alles tun und lassen was man immer wollte.

Ich denke, dass damit nicht nur das Knutschen mit anderen Jugendlichen gemeint ist.

Diese Aussage nehme ich so wahr, als hätte man endlich die Gelegenheit alles zu tun, dass man zuvor nicht tun konnte, da man an jemanden gebunden war.

Was passiert also, wenn wir ein Leben ohne eine bessere Hälfte leben, aber dann anfangen, Gefühle für jemanden zu entwickeln?

Das Gefühl des Verliebtseins ist ein unglaublich vielfältiges Gefühl.
Man kann in jemanden verliebt sein, der auch in einen verliebt ist.
Man kann in jemanden verliebt sein, der in einen aber nicht verliebt ist.
Und es kann jemand in uns verliebt sein, in den man sich aber nicht verlieben möchte.
In den Zustand des Verliebens zu fallen, erscheint einem nie als falsch. Man denkt anfangs nicht daran, wie es vielleicht wieder für einen enden könnte.
Man geht selten davon aus, dass man am Ende sowieso wieder allein dasteht.
Die Menschen hören zwar den anderen Menschen zu, wie sie sagen, dass Beziehungen in unserem Alter nicht für immer halten, aber dennoch folgen sie den Gefühlen des Verliebens. Wie könnte man ihnen auch nicht folgen?
Man kann den Prozess des Verliebens nicht stoppen.

Verliebt sein zu definieren ist schwer, denn jeder erlebt den Prozess anders.

Ich glaube, wenn man sich in jemanden verliebt durchkreuzt diese Person jeden Gedankengang. Man versucht sich auf etwas zu konzentrieren, doch eine Erinnerung mit dem Menschen tritt ständig in unser Blickfeld. Wir sehen das Lachen des Menschen oder erinnern uns an die erste Nacht mit ihm.

Sich zu verlieben ist für die meisten ein Ereignis, das man weitererzählen muss. Die beste Freundin oder der beste Freund muss davon wissen. Und ab diesem Zeitpunkt begleitet dieser Freund uns durch die ganze Zeit des Prozesses. Durch die Zeit der Beziehung und vielleicht auch durch die Zeit der wiedereinseitigen Liebe.

Das Gesprächsthema kann zum Höhepunkt einer Freundschaft werden. Jemanden zu haben, dem man davon berichten kann, wenn z. B der Mensch, in den man verliebt ist, erste Anzeichen des Zurückliebens macht. Das bringt große Begeisterung in den Prozess hinein.

Das Gefühl wird nie leichter, sondern man eifert immer nach *mehr*.

Es ist wie als würde man alles besitzen, um gesund am Leben zu sein, aber man strebt trotzdem weiter nach *mehr*.

Mehr bekommen zu wollen ist aber als Verliebter nichts Negatives. Es bestätigt nur, dass man verrückt danach ist, was der andere bereits gibt oder offenbart.

Verliebt sein als ein Schmetterlings Gefühl im Bauch zu definieren, bezeichnet es zwar gut, dennoch ist es damit nicht erklärt.
Es wäre interessant zu wissen, wie Verliebtsein sich für den einen- und Verliebtsein für den anderen anfühlt.

12.2 Fensterblick

Ich saß eines Abends mal auf einem Stuhl, der vor einem Fenster stand.
Setzt man sich in den Stuhl, sieht man nur was sich direkt hinter dem Fenster befindet. Es zeichnet besser gesagt, einen Tunnelblick auf.
Ich spreche dennoch von einem Fenster, denn wir setzen uns nicht vor einen Tunnel, da der Blick nach vorne draußen so schön ist.

Wir selbst begegnen dem Fenster, dessen Sicht nach draußen am Schönsten und Wirkungsvollsten ist.
Ich saß in dem Stuhl und hatte nur den Blick gerade nach vorne, doch dieser Ausblick reiche mir, um

für diesen einen Augenblick glücklich zu sein. Meine Augen erblickten nur den atemberaubenden Sonnenuntergang, der einzigartig war.

Kein anderer Sonnenuntergang hätte mir dieses Gefühl der Weltverbundenheit geben können. Ich wollte an keinem anderen Platz der Welt sein, sondern nur dort auf diesem Stuhl mit dem Blick auf den, von farbengezeichneten, Untergang der Sonne.

Die Gefühle, die ich in diesem Augenblick empfand, waren nicht in Worte zu fassen, aber im Überfluss an positiven Gefühlen.

In diesem Moment spielten andere Dinge keine Rolle mehr in meinem Leben. Jedes Problem, jeder Mensch, jede Lebenssituation und jede Pflicht waren nicht mehr zu sehen.

Ich sah und fühlte nur noch, was ich auch wirklich fühlen und sehen wollte.

Wir sitzen vor dem Fenster, wenn wir uns verlieben.

Wir sind fixiert auf den Menschen, auf das Gefühl und auf die Vorstellung dem Wunderschönen, das sich vor uns befindet, näher zu sein. Wir sehen nur noch den Menschen, den wir lieben.

Wir wollen von dem Faszinierenden Ausblick mehr sehen und mehr erforschen. Wir wollen es kennenlernen und erklären, wieso wir uns genau in diesen Ausblick verlieben.

Wir wollen gehört und gesehen werden.

Wir wollen geben und nehmen.

Und dann senden wir genau diesen Wunsch in das Universum.

12.3 Sich Kennenlernen

Der Prozess des Kennenlernens, denke ich zumindest, ist eines der schönsten Phasen. Ich glaube, er kann intensiver und wahrer sein als der Moment, indem man sich tatsächlich in eine Beziehung gibt.

Ich habe Menschen kennengelernt, die genau diese Phase des Kennenlernens übersprungen haben und direkt in eine Beziehung übergingen. Ihnen reichten die paar Abende zusammen und die Konversationen über Whatsapp, um sich sicher zu sein.

Dazu möchte ich eine kurze Geschichte erzählen, die mich vieles über diese Phase lehren ließ.

Einen Freund zu haben, den man schon seit seiner Kindheit an seiner Seite hat, ist etwas sehr Besonderes.

Oft höre ich dann, dass man sagt, dass man den Menschen *in und auswendig* kennt, da man mit ihm aufwuchs.

Diese Tatsache ist zwar etwas Schönes, doch ich glaube leider nicht an die Fähigkeit, dass man AL-LES über den anderen wissen kann.

Auch ich besitze einen Freund, den ich schon seit meiner Kindheit kenne. Jedoch lernte ich ihn erst heute (10 Jahre) später kennen. Jetzt müsste ich definieren, was es wirklich bedeutet *„jemanden zu kennen."*

Aber auch ich muss lernen, nicht alles tiefgründig zu hinterfragen.

Ich verbrachte durch unsere beidseitige Leidenschaft das Skateboard fahren wieder mehr Zeit mit ihm. Er schien mir immer als wäre er wie ein ganz normaler Jugendlicher mit Beruf, Freunde, Familie und den normalen Zielen und Gedanken.

Doch je mehr wir uns wieder unterhielten, desto mehr lernten wir unsere Perspektiven und Lebenseinstellung kennen.

Wir hingen uns oft am Thema Beziehungs-Liebe auf.

Es war eines der größten Geschenke für mich, jemands Seele wirklich genau dasselbe über das Thema Beziehungs-Liebe reden zu hören.

Er hatte eine Freundin an seiner Seite, die er wirklich zu lieben wusste.

Doch je mehr man jemanden auf ein Thema direkt anspricht, desto mehr lässt er seine wahre Seite sprechen.

Er wusste es sehr zu schätzen eine Freundin zu haben, dennoch stand er in einer Lebenskrise.

Er meinte, dass wenn er die Beziehung nicht so schnell eingegangen wäre, hätte er heute nicht die Zweifel an der Beziehung.

Sie zogen sich von Tag eins an. Doch das Gefühl des Liebens wurde nicht stärker, sondern verblasste mit der Zeit, ohne, dass er das wollte.

Durch den Prozess des „darüber reden", kam seine wahre Seite zum Vorschein, die zwar die Beziehung am Ende zerbrechen hat lassen, aber seine Echtheit zum Vorschein kam.

Durch die Beziehung wusste er, dass es wichtig ist, sich bei der Phase des Kennenlernens die meiste Zeit zu lassen, denn diese Phase kann vielleicht der Schlüssel zum

„Für immer" werden.

Ab diesem Tag an wollte er in keine Beziehung mehr, nur um den Prozess des Verliebtseins zu füllen.

Er hat es nie ausgesprochen, doch ich denke, er glaubt an die Fügung, dass irgendwann ein Mensch kommen wird, der ihn versteht und seine Sprache spricht. Das die tiefgründigen Gespräche mit diesem Menschen, die ersten Gespräche werden und nicht die Letzten.

Durch diesen Kindheitsfreund, den ich heute wirklich als einen richtigen Freund bezeichne, habe ich verstanden, wieso viele Menschen aus einer Beziehung kommen und sagen: *„Es hat nicht mehr gepasst."*

Ich glaube, dass der Grund des Schlussmachens ein anderer wäre, wenn die Phase des Kennenlernens vielleicht die Schönste gewesen wäre.

Und wenn die gegenseitige Liebe zerbricht, muss man zurück an den Anfang, um das Ende verstehen zu können.

Vielleicht können Verbindungen zwischen Menschen gerettet werden,
wenn man den Wert des Kennenlernens erkennt und den Anfang verändert.

12.4 Unabhängigkeit zu Abhängigkeit

Wenn ich mich mit anderen Mädchen aus meiner Generation unterhalte und es geht um das Thema

Jungs, höre ich öfters: *„Ich weiß nicht was zwischen uns ist. Manchmal ist er so toll zu mir und dann wieder ein Arsch."*

Es ist zu tiefgründig, wenn ich versuche diese Aussage zu erklären, denn manchmal ist der Grund einfach nur, dass der andere genervt von der übermäßigen Zuneigung ist.

Um es aus meiner Sicht zu beschreiben, glaube ich, dass dieser Junge den Zustand des Unabhängig seins mehr bevorzugt als den Zustand der Verbundenheit.

Besser gesagt: Solange man sich in der Kennenlern-Phase befindet, hat man noch die Freiheiten sich überall zu bewegen und zu explorieren.

Solange man sich sozusagen nicht das Wort gibt, stehen einem all diese Freiheiten noch zu.

Diese Aussage ist aber für manche sehr schwer nachzuvollziehen, denn wenn er ja Interesse hätte, wäre er doch nicht so abweisend.

Den anderen darauf tausendmal genervt anzusprechen, beweist, dass man sich abhängig vom Prozess des Verliebtseins gemacht hat,

während der andere aber immer noch im Zustand der Unabhängigkeit lebt.

So ist der eine dem anderen zu viele Schritte voraus.

Es kann sein, dass der andere im Innersten Gefühle anfängt abzubauen.

Es kann sein, dass man selbst daran schuld ist, dass sich der andere so verhält.

Es kann sein, dass die Anziehung anfangs stark war und nun anfängt sich zu lösen.

Es kann sein, dass man mehr liebt und gibt als der andere.

Es kann aber auch sein, dass der Andere Frei vom Zustand der Abhängigkeit und der Verbundenheit sein möchte, ohne dass er davon wirklich weiß.

Es kann sein, dass er es nicht schafft, seine persönliche Freiheit und die Verbundenheit, gleichzeitig befriedigen zu können.

12.5 An das Universum

Es kann also sein, dass man während der Kennenlern-Phase bemerkt, dass man die Erwartungen des anderen nicht erfüllen kann. Es kann auch sein, dass man bemerkt, dass man doch weltenunterschiedlich ist.

Doch wenn der Wunsch, den man in das Universum sendete, sich erfüllt, dann hat man bekommen, was man durch das Fenster betrachtete.

Und so ist es nicht weiter ein Ausblick und ein Wunsch, sondern die Wirklichkeit, die zu greifen- und aus der Nähe zu sehen ist.

Diesmal möchte ich sagen, dass ich genau vor dieser Phase, vor der Phase der Beziehung, Angst habe.

Doch dazu möchte ich erst einmal nichts sagen, denn die Beziehung ist das was die Menschen zusammenhält und die Geborgenheit und Zuneigung einen wie der meist vollkommene Mensch fühlen lässt.

Es ist ein Geschenk, das man ab heute jemanden an der Hand hält und nun ein Leben beginnt, das man gemeinsam führt.

Manche führen das Leben wirklich gemeinsam und anderen genügt es sich ab und zu zusehen.

Das Gefühl jemanden an seiner Seite zu haben, muss ein unerklärliches Gefühl sein.

Ich glaube, in dieser Phase fühlen viele Menschen ähnlich.

Aber auch das lässt sich nicht bestätigen.

Am Abend nachhause kommen und jemand wartet auf einen.

Über den Tag mit dem Menschen schreiben, den man liebt.

Diese Vorstellung muss mit Glückseligkeit gefüllt sein.

12.6 Lieben und geliebt werden

Ich habe viele meiner Freunde eine Beziehung führen sehen. Das was man über die Liebe beschreibt, habe ich an ihnen beobachtet.
Sie wirkten sicherer und glücklicher.
Sie hatten diese entspanntere Mimik und grinsten über beide Mundwinkel hinaus, wenn sie mir über ihr Glück erzählten.
Sie waren glücklicher, als sie es je hätten sein können.
All die Menschen, die ich eine Beziehung führen sehe, fühlen sich vervollständigt und womöglich auch voller Energie. Ihr Herz ist voller Liebe, die sie diesem einen Menschen schenken und zeigen möchten.
Jemanden zu haben ist ein sehr sehr großes Geschenk, das wir, solange wie nur möglich, bewahren sollten.

Oft schien es mir so, als wären sie zufriedener mit dem Leben, denn die Angst davor, einsam zu sein, war nicht mehr hier.

Ich denke, dass die Angst davor, keine bewusste Angst ist. Ich glaube, dass es eine Angst ist, die sich im Unterbewusstsein entwickeln kann.

Denn wenn alle Freunde in einer Beziehung sind, außer man selbst, fängt man an, sich Gedanken zu machen. Es können sich Fragen entwickeln, die sich nur auf die Selbstzweifel beziehen. Wir werden Angst bekommen, dass wir ein Leben lang einsam sein müssen.

Ich glaube nämlich, dass die Liebe etwas so Mächtiges ist, dass die Angst davor, nicht geliebt zu werden, genauso mächtig sein kann.

Mir fällt es schwer darüber zu sprechen, wie es sich in einer Beziehung anfühlt.

Wenn man bekommen hat, was man wollte.

Ich muss verbessern, was ich zuvor über den Prozess des Verliebtseins sagte.

Ich glaube, der Prozess des Verliebtseins wird nicht beendet, wenn man bekommen hat, was man sich erwünschte. Ich glaube, er endet, wenn man sich an die Anwesenheit und an die Liebe des anderen gewöhnt hat.

Ich glaube in einer Beziehung zu sein, bedeutet auch, eine *„selbstverständliche Einstellung"* zu bekommen, das aber jetzt nicht negativ verstanden werden soll.

Sich zu lieben, bedeutet auch, Erwartungen voneinander zu haben. Man wünscht sich, dass der Freund oder die Freundin einen wohin begleitet.

Man wünscht sich, dass man im Moment die Berührungen spüren kann, auch wenn das vielleicht im Augenblick nicht möglich ist.

Man wünscht sich, dass Vertrauen zueinander besteht, egal was geschieht.

Können diese Wünsche und Erwartungen beidseitig erfüllt werden, lässt es einen auf Wolke 7 schweben.

Den Gedanken im Hinterkopf zu haben, dass jemand da ist und jemand liebt, bringt uns Vollkommenheit.

Durch den anderen, fühlen wir uns vervollständigt.

So lebt man also ein Leben in zwei geteilt.
An manchen Tagen spaziert man allein mit dem Gedanken, dass jemand an seiner Seite ist.
Und an machen Tagen blickt man den anderen
mit dem einzigen Gedanken an, dass man im Moment nirgendwo anders auf der Welt sein möchte.

Die Liebe wird nicht bleiben, wenn es nur Zuneigungen und Bestätigungen gibt.
Ich glaube, wenn man das Gefühl von Weltoffenheit, Vollkommenheit, Geborgenheit, Vertrauen und des immer mehr Liebens mit dem anderen teilt, wird die Liebe lange bestehen bleiben.

12.7 Den Wert erkennen

Wir gewöhnen uns an den Lebensstand, mit jemanden zusammen zu sein.
Ich hoffe, dass dieser Stand nichts Selbstverständliches für einen ist.
Ich hoffe, dass die Menschen, die in einer

Beziehung sind, es wirklich wertschätzen, nicht einsam sein zu müssen.
Denn irgendwo auf der Welt gibt es einen Menschen, der genau das möchte, was man selbst hat.
Der keine Angst davor hat, jemanden zu verlieren, sondern nur Angst davor hat,
für immer allein zu sein.

12.8 Es fortgehen sehen

Ich glaube nicht daran, dass sich Menschen gleich stark lieben können.
Ich glaube, dass einer immer mehr fühlt als der andere.

Wenn man sagt, dass die Phase des Kennenlernens dazu führte, dass man sich wirklich sicher wurde, es aber dann doch zu Ende geht, dann lag es nicht am Anfang, sondern am Werdegang.
Menschen verändern sich oder gehen durch Veränderungen und dabei spielt es keine Rolle, ob sie allein oder mit jemanden sind.

Was passiert also, wenn der andere sich verändert oder durch Veränderungen geht?
Oft sagt man, dass man die Welt nicht mehr versteht und ich versuche zu definieren, was dies genau bedeutet.

Wenn wir sagen, dass wir die Welt nicht mehr verstehen, beziehen wir es natürlich auf die jetzige Situation, die uns wiederfuhr.

Das wir aber die Welt nicht mehr verstehen, bestätigt oft, dass etwas geschah, dass man sich im Leben nicht vorstellen hätte können.

Eine unerwartete Wendung oder die Verminderung des Zurückliebens des anderen.

Es gibt Tausend- und eins Gründe, wieso Beziehungen zu Ende gehen.

Langsam bemerken wir, wie die Gefühle, die man während einer Beziehung hatte, weniger werden.

Damit meine ich nicht die Gefühle zueinander, sondern die Gefühle zum Leben und zu sich selbst, die sich nur entwickelten, weil es den anderen Menschen gab.

Es fängt der Prozess des „Darüber Nachdenkens" an. Man tauscht sich untereinander aus, fragt und munkelt über die plötzliche Veränderung in der Beziehung. Man versucht zusammen Lösungen für das Problem zu finden. Man gibt jede Zeit auf, nur um Zeit dafür zu haben, darüber nachzudenken.

Wenn beide genau stark um ihre Beziehung kämpfen würden, gäbe es doch eigentlich von Anfang an kein Problem, oder?

Doch der eine kämpft immer mehr als der andere, denn der eine liebt mehr als der andere.

Der eine hat mehr Angst davor, wieder allein zu sein als der andere.

Die Diskussionen und Gedanken werden mehr und der Schlaf kürzer.

Die Lust des Lebens wird verblassen, denn man weiß, dass man jemanden verlieren wird, ohne dass man sich darüber wirklich bewusst ist.

Das was „womöglich" eintreten wird, steht noch im Hintergrund, denn man wird weiterkämpfen.

Damit eine Verbindung weiterhin funktioniert, muss der andere auch kämpfen, geben oder etwas aufgeben, das er aber gern tat, aber die Beziehung „gefährdet."

Und so, glaube ich, entwickelt sich langsam die gegenseitige Liebe zurück in die Einseitige, ohne dass man es wirklich bemerkt.

12.9 Regen

Manchmal gehe ich in der Nacht, bevor ich schlafe, noch nach draußen auf die Terrasse.

Wenn ich dann draußen sitze, höre ich dem Plätschern des Regens zu.

Das Geräusch des Regens ist etwas, das mir innere Ruhe verschafft.

Wenn ich jedoch aufstehe und nach oben blicke, starre ich oft ins Dunkle. Es sind keine Wolken oder Sterne am Himmel zu sehen.

Man hört, riecht, fühlt, schmeckt und sieht den Regen, dennoch weiß man nicht woher er kommt.

Der Regen ist da, aber man weiß nicht woher er kommt.

Man hört nicht auf, den Regen zu hören.

Er ist da, ohne dass wir ihn wollen und ohne, dass wir wissen woher er kommt.

Wir starren nur nach oben ins Dunkle.

Wir starren nur ins Leere und nichts- und niemand erfüllt diese Leere.

Vielleicht fühlt sich so das erste Gefühl an, wenn man jemanden verliert.

Es erscheint einem so, als ginge nicht nur die Person fort, sondern jedes erfüllende Gefühl.

Man hat die Person verloren und *hat* sich selbst verloren.

Das einzige was man noch an Gefühlen besitzt, ist das Gefühl der Leere

13. RAUS AUS DEM SCHLAF

Dann, wenn wir es am wenigsten Erwarten, geht der Mensch aus unserem Leben, den wir am meisten liebten, am meisten brauchten und wegen dem wir am meisten fühlten.

13.1 Trauer

Wenn der Tag kommt, an dem wir diesen Menschen verlieren, weinen wir nur noch in den Tag hinein. Das Gefühl der Kraft ist anfangs nicht mehr da.

Es geht, wenn dieser eine Mensch geht. Es ist etwas traurig Faszinierendes, dass egal welche- und wie viele Menschen zu uns stehen, wir uns trotzdem allein fühlen können. Wir haben wahre Menschen an unserer Seite, doch wollen nur diesen einen Menschen zurück.

Und das ist OK, denn genau dieser Mensch zeigte uns, wie sich die Liebe anfühlt.

Und wir Menschen, lieben die Liebe.

Und wenn sie geht, dann geht auch ein Stück unseres Selbst.

Wir dürfen wegen jemandem weinen, denn wir sind Menschen und Menschen können schwer mit Verlusten umgehen. Jemanden zu verlieren, kann die größte Angst des Menschen sein, auch, wenn man vielleicht bereits jemanden an der Seite hat. Wenn wir nichts- und niemanden hätten, würde auch diese Angst nicht existieren. Doch wir wollen jemanden und etwas.

Wir müssen nicht abhängig von dem Menschen sein, doch wir wollen, dass er für immer bleibt oder das jemand kommt, der für immer bleibt.

Wir wollen brauchen, wir wollen lieben und wir wollen geliebt werden.

Wir dürfen das Gefühl, vor etwas Angst zu haben, für immer mit uns tragen.

Es ist menschlich vor etwas Angst zu haben.

Wenn wir jemanden verlieren, dann verlieren wir nicht nur, sondern fühlen uns verloren.

Und wir dürfen weinen, so lange wir das möchten und so lange wir uns absolut verloren fühlen. Denn wie ich schon sagte, manchmal ist es in Ordnung nur *am* Leben zu sein. Es ist in Ordnung manchmal nur zu atmen.

Wir dürfen uns niemals sagen lassen, dass wir endlich aufhören sollen, zu weinen. Wir selbst entscheiden, wann wir damit aufhören. Wir selbst können jeden Prozess steuern, verändern und entscheiden.

Manchmal können wir das nicht, doch wir werden es irgendwann können. Wenn wir es jedoch zu lange hinauszögern, dann verpassen wir vielleicht die schönsten Momente unseres Lebens.

Wir selbst steuern und empfinden unsere Gefühle.

Wir sind nicht die Schwachen, wenn wir zugeben, dass wir nur noch Sehnsucht und Trauer empfinden.

Die Trauer und das Weinen, ist eines der größten Stärken der Menschen, denn es zeigt, dass wir schwach sein können. Es beweist, dass wir *zeigen* können, dass wir uns schwach fühlen.

Es zeigt, dass wir wirklich geliebt haben und geliebt worden sind.

Es zeigt, dass wir ein Mensch sind und ein Herz besitzen.

13.2 Ich frage mich, wo das Leben anfängt und wo es aufhört. Abgesehen von Geburt und Tod, muss es einen Anfang geben, der uns leben lässt und ein Ende, das uns fallen lässt.

13.3 Ablenkung

Die belastenden Gefühle werden mehr und die Nächte kürzer. Die Motivation zu *leben* wird weniger.

Alles Gute wird weniger und alles Schwierige wird mehr.

Was uns jedoch geblieben ist, sind alle anderen Menschen. Unsere Familie, unsere Freunde und andere Mitmenschen. Diese Menschen können uns für immer bleiben, solange wir nicht vergessen, dass es sie gibt.

Sie werden da sein und uns beistehen. Vielleicht nicht jeder von ihnen, doch meistens reicht es einen Menschen zu haben, der uns hilft. Vielleicht ist es genau dieser Menschen, der uns durch all die Prozesse von Anfang an begleitete. Genau dieser Person sollten wir einmal danken und ihm das Gefühl geben, dass er von uns sehr wertgeschätzt wird, weil er immer da war.

Unsere Freunde sind die Menschen, die uns die Mittel zum Verarbeiten und Vergessen geben. Sie geben uns die Möglichkeiten, uns abzulenken. Sie geben uns den Anstoß, dass wir zurück zum Leben kommen müssen.

Nachdem wir lange getrauert haben und es vielleicht immer noch tun, fangen wir an, schrittweise ins Leben zurückzukommen. Den schlimmsten Tag haben wir überlebt. Den Tag, an dem wir verlassen worden sind, haben wir überstanden. Auch gegen die Tage und Wochen danach haben wir gekämpft und haben gewonnen.
Wir haben gewonnen, weil wir nicht aufhörten zu atmen.

Wir fühlen den Verlust jedoch weiterhin und ich glaube, dass man ihn niemals nicht spüren kann.

Langsam- aber sicher kommen wir in den Alltag zurück. Wir gehen wieder an Orte der Gemeinschaft und greifen zum Alkohol, der vielleicht unsere Definition von Vergessen oder Stoppen wird. Es kann sein, dass wir den Verlust immer noch genauso sehr fühlen, wie am ersten Tag. Es erscheint uns eher so, als würden wir über den Dingen schweben und nicht einen festen Halt auf der Erde haben.
Doch wir werden wieder mit unseren Freunden tanzen. Wir werden wieder lachen mit den Menschen, die uns etwas bedeuten. Wir werden neuen

Menschen begegnen, die uns etwas Interessantes erzählen, worüber wir noch Tage danach nachdenken müssen.

Wir werden wieder Freude am Leben verspüren und nur in *dem Moment* leben, mit den Menschen, die uns glücklich machen.

Am nächsten Tag kann uns das Leben wieder weniger bunt erscheinen und alles holt uns wieder ein.

Es ist wichtig, dass wir nicht nur den Ablenkungen vertrauen. Ablenkungen werden uns zwar wieder positivere Gefühle ins Leben bringen, doch wir müssen diese Gefühle auch *festhalten* und *bewahren*. Wir müssen uns daran erinnern, wie es war, zu lachen, zu tanzen und etwas Neues über etwas- oder jemanden zu erfahren. Genau in den Momenten, in dem wir wieder ein Stück verlieren, das wir am vorherigen Tag vielleicht wiedergefunden haben, müssen wir uns daran erinnern.

Wir müssen uns daran erinnern, wie es war, sich für einen Abend genauso vollkommen gefühlt zu haben wie an einem Abend, an dem der Mensch noch ein Teil unseres Lebens war.

Wir selbst können entscheiden wie die Summe unserer positiven und negativen Gefühle aussehen soll. Wenn wir es bevorzugen, mehr Gutes als

Schlechtes zu wollen, dann dürfen wir aber nicht nur darauf warten, bis endlich das Gute eintritt.

Ich weiß jetzt, dass das Leben nicht nur einmal anfängt und nicht nur einmal endet. Sich lebendig und vollkommen zu fühlen, kann anfangen und kann wieder gehen.
Es kann anfangen, aufhören, anfangen, aufhören und dann *anfangen*.

Wenn wir das Gute möchten, müssen wir uns auf ein Abenteuer begeben. Das bedeutet nicht, dass wir die ganze Welt erforschen sollen, sondern, dass wir uns auch mit dem Guten beschäftigen sollen.
Wir können zwar der Zeit vertrauen, dass sie den Prozess des Verarbeitens beenden wird, aber wir dürfen **nicht nur** von der Zeit erwarten, dass sie uns heilen wird.

13.4 Ankommen

Wir dürfen in unserem Leben nicht nach dieser Person *suchen*, die uns vielleicht für immer lieben wird. Wir dürfen nicht an unsere älteren Mitmenschen denken, die ganz allein mit ihrem Gehstock durch die Straßen gehen. Denn ich bin mir sicher, dass selbst diese Menschen einmal die Liebe erleben durften. Vielleicht hatten sie ihre Liebe für 50

Jahre an ihrer Seite, bis er als ein Engel in den Himmel flog. Vielleicht wurden sie nur einmal in ihrem Leben geliebt und das vielleicht nur ein Jahr oder drei Monate lang.

Doch jeder von ihnen *liebte* einmal und jeder von ihnen *wurde geliebt*.
Auch, wenn sie vielleicht nie gesehen haben, dass sie jemand liebt, wurden sie geliebt.
Ich glaube fest daran.

Wir werden Menschen in unserem Leben verlieren.
Jeder wird einmal jemanden verlieren. Wir werden den Geliebten, den Freund, ein Familienmitglied oder den Bekannten verlieren.
Wir dürfen Angst davor haben. Das dürfen und sollen wir auch. Wenn wir Angst davor haben bedeutet es, dass wir Menschen im Herzen bewahren, die wir immer zu schätzen wissen.
Das wir Menschen haben, zu denen wir gehen können und die uns genauso lieben, wie wir sie.
Es ist von großer Bedeutung, dass wir genau diesen Menschen nicht nur einmal sagen, dass wir ihnen danken, dass sie ein Teil unseres Lebens sind. Wir sollten es oft sagen. So oft es geht.

Denn, wenn sie uns verlassen oder sterben, werden sie sich daran erinnern, wie sehr wie sie geliebt haben.

Jemanden zu verlieren, wird immer zu früh und zu unerwartet sein und es wird immer weh tun.

Ich weiß, dass das was ich jetzt sagen werde, keiner wirklich verstehen wird.

Es ist etwas sehr Gefährliches, wenn wir sagen, dass wir für immer an der Seite eines Menschen stehen. Es ist wichtiger, dass wir sagen, dass wir den Menschen für immer lieben werden, wenn er uns verlässt. Denn wenn wir selbst diejenigen sind, die jemanden verlassen, dann wird der andere lange daran denken, dass wir sagten, dass wir für immer da sind. Und dieser Mensch wird unsere Aussage für immer als einen Widerspruch sehen, den er nicht verstehen kann.

Mir selbst wurde einmal gesagt, dass jemand für immer für mich da ist. Als dieser Mensch mich jedoch verließ, war das einzige an das ich denken musste, dass er sagte, dass er für immer für mich da ist.

Der Begriff *„für immer"* ist zu mächtig für die Vorstellung eines Menschen.

13.5 Das Danken wird uns helfen

Wir müssen nie aufhören jemanden zu lieben.
Wir müssen nur aufhören den Verlust unser Leben
kontrollieren zu lassen.

Der Prozess des Verarbeitens eines Verlusts wird
weitergehen und ich denke, dass er nie wirklich ein
Ende haben wird.
Vielleicht ist es ertragbarer, wenn man lernt, sich
an den Verlust zu gewöhnen.
Dass es zwar weh tut, doch ein Schmerz ist, den
man mit Wert trägt.
Denn gäbe es den Schmerz nicht, hätte es den Menschen, den wir liebten, auch nicht gegeben.

Für diese Zeit, in der diese besondere Person ein
Teil unseres Lebens war, sollten wir Dankbarkeit
empfinden und dieses Gefühl nie loslassen.
Dieser Mensch gab uns etwas, das wir anerkannten
und den Wert dahinter erkannten. Er gab uns etwas,
das uns Vollkommener fühlen hat lassen.
Es wird immer ein Verlust bleiben. Es kann ein
Verlust bleiben oder irgendwann in eine Lehre
übergehen, doch ganz weit im Inneren wird es *immer* ein Verlust bleiben. Wir dürfen auf diesen
Menschen wütend sein. Wir dürfen ihn zugleich
hassen und lieben.

Es wird jedoch der Punkt kommen, indem wir bemerken was wir alles an uns vorbeiziehen haben sehen, während wir nur damit beschäftigt waren, jemanden zu lieben und zu hassen.

Die Zeit entscheidet zwar, wann es anfängt weniger weh zu tun, doch wir dürfen nicht darauf warten.

Wir müssen aufwachen aus diesem ewigen Schlaf und uns auf eine Reise zu unserer Heilung und zu unserem Selbst begeben.

14. DAS ABENTEUER

Wir werden niemals die Vergangenheit verändern oder vergessen können, doch mit der Zeit wird uns der Verlust weniger Schmerzen bereiten. Nach dem Verlust der Person werden darauf die Erinnerungen folgen. Man wird hinter jeder Aussage, hinter jedem Menschen und hinter jeder Betrachtung eine Erinnerung finden, die man einst mit diesem Menschen erlebte.

Die Erinnerungen werden uns für immer bleiben und das ist das, was wir daran lieben sollten.

Sie werden uns noch ein letztes Mal weinen und vermissen lassen.

Erinnerungen haben seine guten- und schlechten Seiten.

Die Kunst dahinter ist, dass man die Erinnerungen als ein Geschenk ansieht, die einem blieben. Denn das, an was wir uns erinnern, sind meisten die schönen Zeiten. Die Zeiten, in der nur die Verbundenheit einen Wert hatte und die gemeinsamen Tiefen noch nicht existierten.

Wir können uns wieder in ein Leben stürzen und alles- und jeden aufnehmen.

Wir können aber auch ein anderes- und vielfältigeres Leben beginnen.

Manchmal ist es gut, dass wir eine Zeit lang allein gehen. Vor allem dann, wenn wir jemanden verloren haben und zurück ins Leben finden müssen. Wir sollten aber nicht nur wieder zum Leben zurückkommen, sondern auch erfahren wollen, wie es ist, mit dem Leben zu harmonieren. Wir sollten nach den Gefühlen der Weltverbundenheit und der Vollkommenheit streben.

Bevor wir uns auf eine Reise zu unserem Selbst begeben, hilft es oft, wenn man mit Menschen spricht, die einen inspirieren. Sie sollen uns sehen lassen, was sie selbst sehen. Sie sollten uns für eine kurze Zeit mit auf ihr Abenteuer nehmen.

Nur für eine kurze Zeit und nicht für immer.

Nachdem wir gesehen haben, was wir alles auf diesem großen Spielplatz wahrnehmen und erleben können, werden wir es selbst durch unsere Augen *erleben und sehen* wollen.

Wir selbst werden lernen unseren eigenen Weg zu legen und unser eigenes Leben *zu leben* und *zu erleben*.

Und während wir anfangen dieses Abenteuer zu leben und diesen großen vielfältigen Spielplatz zu erkunden, werden neue Menschen, neue Lehren und neue Ereignisse in unser Leben treten.

Wir werden zu den Sternen blicken.

Die Sonnenuntergänge betrachten.

Den Mond auf uns scheinen lassen und wir werden an unsere Erinnerungen denken.

Dann werden wir bemerken, dass wir nicht weiter nur den Verlust sehen, sondern die Person, die wir einst liebten.

Wir werden grinsen, denn genau der Mensch, den wir einmal liebten, war der wundervollste Mensch, dem wir jemals begegneten. Wir werden uns nicht nur an die Zeit zusammen, sondern mehr an die Werte und das Innere dieses Menschen erinnern.

Und genau dieser Mensch war für eine Zeit lang an unserer Seite und dieser Mensch war etwas ganz Besonderes.

Dieser Mensch wird uns vielleicht für immer fehlen, doch das ist OK.

Wir werden nicht mehr herausfinden wollen, wer schuld an dem Ende ist.

Wir selbst waren nicht schuld.

Der andere war nicht schuld.

Und genau diese Einsicht wird unser Schlüssel zur Selbsthilfe.

Wir werden die Vergangenheit mit anderen und wertvolleren Perspektiven sehen.

Wir sollten uns an die Vergangenheit erinnern, in der uns etwas Wunderschönes wiederfuhr. Wir sollten uns an ein erfüllendes Gefühl erinnern, das wir einmal fühlten. Wir sollten in der Nähe der Menschen sein, die uns glücklich machen.

Aber am meisten sollten wir unsere Perspektiven verändern und vergrößern.

Wir sollten uns an all die schönen Momente in unserem Leben erinnern, die wir allein oder mit Freunden erleben durften.

Dann werden wir diese erfüllenden Momente auf die Gegenwart übertragen und sie neu erleben. Vielleicht mit anderen Menschen, vielleicht an einem anderen Ort und vielleicht als ein anderer Mensch.

Ich habe verstanden, dass man sich nicht nur einmal finden kann. Ich habe verstanden, dass man sich nicht nur einmal verlieren kann.

Man muss sich in jeder Lebenssituation neu finden und das ist eine große Aufgabe, die aber jeder von uns meistern wird.

Wir werden auf diesem Abenteuer durch das Leben, neue Erfahrungen *erfahren*. Und dann werden wir uns vielleicht fühlen, als würden wir wieder in einem schönen vergangenen Moment stehen, der nie zu Ende ging.

15. *Meine letzten Worte an dich*

„Es ist viel Zeit vergangen, seitdem wir das letzte Mal durch die Straßen schlenderten, uns einander Geschichten erzählten und miteinander lachten.

Ich hätte nie gedacht, dass es nicht nur dich, sondern unendliche andere Menschen auf dieser Erde gibt, die mir eine Lehre übermitteln werden.

Vielleicht wusstest du selbst, dass wenn du gehst, dass ich das Durchstehe, da ich neuen Menschen begegne.

Und ich bin neuen Menschen begegnet! Ich habe verstanden, dass wir zu ihnen gehen können, denn manche von ihnen werden uns aufnehmen und wieder gehen. Manche sind geblieben und andere sind gegangen, doch das ist in Ordnung.

Ich habe ihre Hilfe gelernt anzunehmen, ihnen sehr dafür gedankt und dann bin ich weiter meinen Weg gegangen. Ich habe mich auf ein Abenteuer gemacht. Das bedeutete, das Leben zu erleben. Seit Südtirol habe ich angefangen, dass Leben zu füllen und zu gestalten, so wie es mich am meisten glücklich macht.

Ich hatte damals in Südtirol einen Moment, indem ich mich wirklich einsam fühlte. Du sagtest, dass ich mich nicht einsam fühlen muss, denn die Berge sind hier, umarmen und beschützen mich.

Ich werde nie einsam sein müssen aber kann entscheiden, wann ich allein sein möchte. Und ich suchte es mir so aus, ein Einzelgänger zu sein, der jedoch immer wieder zu seinen Mitmenschen zurückkommt. Als du noch ein Teil meines Lebens warst, wollte ich auch allein sein, jedoch mit dem Gedanken im Kopf und in der Seele, dass du hier bist.

Ich wollte allein explorieren, aber dich dabeihaben, wenn du irgendwie verstehst wie ich meine.

Du warst mein Anker und meine Sicherheit, denn du hast mich immer beschützt. Du hast mich vor mir selbst geschützt.

Du warst vieles für mich, doch was eigentlich am meisten für mich zählte, war dein Freund zu sein.

Dich kennengelernt zu haben, war das faszinierendste Geschenk, das man mir jemals hätte geben können. Und dich zu verlieren, war das Schlimmste, das mir jemals hätte passieren können. Während ich das schreibe, dass es das größte Geschenk war, dich als einen Freund gehabt zu haben,

grinse ich mir die letzten Tränen aus dem Gesicht.

Ich sitze vor den Horizonten und erinnere mich an die Werte, die du mir vermittelt hast. Ich denke

nicht nur noch an unsere Erinnerungen gemein-
sam, sondern fange auch an, mich an dein Inneres
zu erinnern.

Dich als einen besonderen Menschen für eine Zeit
lang in meinem Leben gehabt zu haben, war mir
das größte Geschenk. Es war ein Geschenk, Men-
schen mit einem so großen Herzen, mit in meinem
Herzen zu tragen.

Es war mir ein Geschenk, dass ich ein Teil deines
Lebens sein durfte und wir diese für mich beson-
dere Verbindung teilten.

Hast du gelesen, als ich sagte, dass ich nichts in
meinem Leben bereue? Es gibt doch eine Sache.

Ich bereue, dass ich nicht schon eher das Leben
und den Wert von Verbindungen mit anderen Au-
gen gesehen habe, denn dann wäre ich nicht so
blind durch unsere Freundschaft gelaufen. Und
dies tut mir mehr als nur von ganzem Herzen leid.

Du warst immer da, sei es in meinen Höhen oder in
meinen Tiefen. Selbst dann als es unsere Höhen
und Tiefen wurden, warst du da.

Wir haben oft über unsere Ängste und Sorgen ge-
sprochen. Wir hatten viele Ängste.

Meine größte Angst war es, Menschen zu verlieren.

Du hast gesagt, dass wenn man ehrlich und aufrichtig ist, gibt es nichts was unverzeihlich oder zu beenden ist.

Keine Sorge, du hast dir nicht widersprochen.

Manchmal kann es richtig sein, Menschen loszulassen, um sich selbst zu schützen.

Manchmal müssen wir die, die wir lieben, verletzen.

Auch ich habe mich von Menschen distanziert, denn sie sagten ständig wer ich bin, obwohl ich selbst nicht wusste, wer ich bin.

Ich werde dir niemals die Schuld für unsere Tiefen geben, als sich unsere Verbindung anfing zu lösen. Ich habe mich mit der Erkenntnis angefreundet, zu sagen, dass niemand schuld daran war. Tief im Inneren ist mir bewusst, dass es meine Schuld war, doch ich kann meiner Seele dieses Gefühl von Selbstschuld nicht mehr geben. Meine Seele braucht den Frieden und das bedeutet auch, dass ich anfangen muss, nicht mir und nicht dir die Schuld zu geben.

Ich hoffe du verzeihst mir, dass ich mir selbst verzeihe. Aber ich weiß, dass du ein guter Mensch bist und nie wollen würdest, dass ich mein Leben lang die Selbstschuld spüre. Ich glaube, du wirst mir immer nur das Gute wünschen, so wie du jedem Menschen das Gute wünschst.

Kannst du mir versprechen, dass du deine Guther-
zigkeit für immer behalten wirst?

Weißt du was das Schlimmste heute für mich ist?
Ich begegne jedem Tag einer Menge an Lehren, ei-
ner Menge an Spaß und einer Menge an Höhen und
Tiefen. Es passieren mir so viele Gute aber auch
Schlechte Dinge und dem einzigen Menschen, dem
ich davon erzählen möchte, ist dir.
Manchmal grinse ich darüber, weil ich mich frage,
was du nun dazu sagen würdest und dann grinse
ich weiter und merke, dass du mir immer noch
fehlst.

Ich lebe nicht das Beziehungs-Leben aber auch
nicht das Single-Leben, sondern ich lebe einfach
nur.
Glaubst du, dass es okay ist, einfach nur zu Leben
und seinen Lebenstand nicht zu benennen?

Ich habe Angst davor mich zu verlieben. Ich möchte
mich nicht verlieben. Nicht jetzt. Ich möchte die
Menschen nicht lieben und dann verlassen und ver-
letzen. Ich möchte keinen Menschen verletzten. Die
Menschen haben eine solche Angst davor, verletzt

zu werden. Ich habe dich verletzt und das hat mich doppelt so sehr verletzt.

Ich habe Angst, dass wenn ich eine Verbundenheit mit jemandem eingehe, dass ich meine innere- und äußere Freiheit verliere.

Manchmal würde ich gern die Fähigkeit besitzen, andere Menschen vor einem Verlust zu beschützen. Glaubst du, dass wenn es diese Fähigkeit gäbe, es dann auch weniger traurige Menschen gäbe?

Irgendwann werde auch ich jemandem begegnen. Irgendwann. Doch das ist nicht das, worauf ich warte und wofür ich lebe.

Ich hoffe es ist berechtigt, wenn ich sage, dass ich erst einmal nichts mit der Beziehungs-Liebe zu tun haben möchte und ich glaube, dass du die einzige Person bist, die das versteht.

Es wäre in Ordnung, wenn es andere Menschen nicht verstehen wollen.

Glaubst du mir, wenn ich sage, dass ich glaube, dass ich die Liebe nie gekannt habe?

Ich dachte immer, dass alles was ich sage und tue aus Liebe ist und um die Menschen zu beschützen.

Ich konnte in meinem Leben viel Gutes bewirken und die Menschen beschützen, doch bei dir konnte ich es nicht. Ich frage mich, wieso ich es bei dir nicht konnte. Doch diese Frage wird gleich wieder verblassen, denn ich kann die Vergangenheit nicht ändern. Glaub mir bitte, wenn ich sage, dass ich unseren Anfang verändern würde, wenn ich nur könnte.

Wir haben oft über die Seele gesprochen, aber ich frage mich, was eine Seele ist. Wir Menschen wissen, was ein Herz, ein Verstand und ein Bauchgefühl ist doch was ist eine Seele?
Wir können die Seele nicht sehen und nicht herausnehmen. Ich glaube, dass die Seele zeigt, wie unsere Redlichkeit zu unseren Mitmenschen ist. Ich glaube, dass sie zeigt, was wir fühlen, denken und empfinden, wenn wir anfangen, darüber zu reden.
Ich glaube, dass die Seele Größeres bewirken kann, als das Herz, der Verstand und das Bauchgefühl.
Ich habe das ganze Buch über, aus meiner Seele gesprochen und habe bemerkt, dass die Seele das ist, was mich mit anderen Menschen verbindet.
Und unsere Seelen waren tief verbunden, denn unsere Redlichkeit und unsere Taten füreinander, kamen aus der Seele.
Und ich vermisse meinen Seelenfreund.

Du wirst mir immer fehlen in dieser großen weiten Welt, in der ich mich manchmal unverstanden fühle. Du warst dieser Alien, der mich verstand und meine Sprache sprach, wie der Alien E.T.
Es wird immer etwas weh tun, ohne dich zu sein.

Ich werde vielleicht nie erfahren, ob du diese Zeilen gelesen hast, doch das ist OK, denn ich habe es mir von der Seele gesprochen und dadurch wieder ein großes Stück meines Selbst gefunden. Ich weiß, dass du dich im Moment am besten ganz weit von mir fernhältst und wenn es das Beste für dich ist, dann versuche ich das zu akzeptieren. Ich werde nicht mehr viel zu dir sagen, denn ich wünsche mir, dass ich dir eines Tages wieder etwas sagen kann. Ich werde dir meine Geschichte erzählen, während du mir deine Geschichte erzählst.
Aber eigentlich reicht es mir, wenn wir lachen.
Ich warte nicht mehr auf dich oder hoffe auf dich, sondern ich wünsche mir, dass du wieder da bist.
Ich weiß, dass ich ausgezeichnet darin bin, Menschen zu enttäuschen und am allerbesten, Menschen, die mir am allermeisten Bedeuten.
Ich glaube nicht daran, dass wir uns irgendwann wiedersehen- und weiter machen können, wie bisher.

Ich wünsche mir, dass ich dich ein letztes Mal erneut kennenlernen- und deine Geschichten anhören darf, als hätte ich sie nie gehört. Aber diesmal werde ich mehr zuhören als reden. Ich werde versuchen besser hinzusehen, damit ich nicht übersehe, was du mir zu zeigen geben möchtest oder wie es dir wirklich geht. Ich habe mich für niemanden geändert und das werde ich auch für dich nicht tun. Doch ich bessere mich für Menschen wie dich, denen ich beweisen möchte, dass ich gelernt, gesehen, geforscht, verstanden, verziehen und mich gebessert habe.

Ich bin ein guter Mensch geworden. Das bin ich wirklich. Vielleicht gibst du mir irgendwann die Möglichkeit es dir zeigen zu können.

Ich werde das Schlechte in mir für immer vergraben.

Ich weiß nicht, ob wir uns je wieder sprechen werden, doch wenn wir uns wiedersehen, werden wir nicht über die Vergangenheit reden, sondern neue Erinnerungen schaffen.

Wir werden wieder lachen und solange wir lachen, wird alles gut sein.

Das ist mein Wunsch. Mit dir zu lachen und zu reden.

Ich werde dich nie vor Gefahren in deinem Umfeld beschützen können, doch ich kann dich vor mir selbst schützen und das werde ich tun, wenn ich merke, dass ich wieder anfange zu fallen.

Ich habe dich sehr geliebt.

Du sagtest aber, dass man in seiner unendlichen Liebe die Menschen zwar reintun darf, aber man sich selbst immer als Erstes lieben muss.

Ich hoffe, du hast in all den Zeilen gesehen was ich alles gelernt habe und was ich heute alles liebe und das ich endlich die Selbstliebe empfinde.

Die Selbstliebe zu empfinden ist das größte Geschenk, das man sich selbst je machen könnte.

Ich danke dir für dich, denn ohne dich wäre dieses Buch vielleicht nie entstanden.

Lass mir dir als Letztes sagen, dass ich dir nur das Gute auf der Welt wünsche, selbst wenn es heißt, dass ich das Schlechte für dich bin.

Ich selbst weiß wer ich geworden bin. Ein guter Mensch. Ich bin ein guter Mensch.

Es ist nur ein Wunsch von vielen, doch der Wunsch nach einer einem neuen Wir,

habe ich den Sternen erzählt und sie haben mich gehört!

Ich habe meinen Wunsch in das Universum gesendet.

Und ich sehe ihn jeden Tag in den Sternen geschrieben!

Und das...macht mich sehr glücklich. "

Falls wir uns nie mehr wiedersehen,
werde ich den Mond sehen, der immer magisch bleiben
wird,
ob mit oder ohne dich in meinem Herzen.

16. ABSCHIED

Wenn uns etwas geschieht, dass nicht ertragbar-
aber auch nicht veränderbar ist, dann gehen wir
durch eine Veränderung.
Und durch diese Veränderung, *verändern* wir uns.
Danach liegt es in unserer Kraft, wie wir sein wollen und was wir haben wollen, um weiterzukommen.
Man wird der Veränderung etwas danken, denn sie
hat uns zu einem neuen Menschen gemacht, nachdem wir eine Zeit lang auf einer Reise waren.
Und auf dieser Reise zu unseren Gedanken und zu
unserem Selbst haben wir schließlich herausgefunden, dass wir nur die Perspektiven verändern müssen, um vielleicht wieder glücklicher zu werden.

Wir sollten niemals darauf warten, bis der Tag
kommt, an dem wir unser Leben vielleicht doch ändern sollten. Wir sollten nicht darauf warten, bis jemand kommt, der uns vervollständigt oder jemand
geht, ohne den wir kaum leben können.

Wenn wir begreifen, dass wir von heute auf morgen, das Leben haben können, dass wir uns vorstellen, dann können wir genau *dieses* Leben haben
und erleben.

Auch ich schlenderte zu viele Wochen mit gesenktem Kopf durch die Welt. Ich ließ meine bedrückenden Gedanken und das Gefühl, jemanden verloren zu haben, auf dem Boden erscheinen und folgte ihnen auf Schritt und Tritt.

Ich habe diesen Zeitabschnitt überstanden und lernte viel daraus. Ich stolzierte wieder durch die Welt und hob den Kopf und dachte mir:

„Schau dir diese Menschen und diese Welt an!"

In den Gesichtern der Menschen, die an mir vorbeiliefen, zu blicken, ließ mich zurück ins Leben kommen.

Jeder dieser Menschen hat einen anderen Gedanken und etwas anderes zu tragen. Jeder ist so individuell. Die Menschen laufen mir entgegen und manche starren, so wie ich es tat, in den Boden und lassen ihre Gedanken auf dem Boden erscheinen. Manche jedoch blicken geradeaus und nehmen sich und die Umwelt wahr.

Sie leben oder leben nur dahin, aber sie halten den Kopf gerade und das ist sehr wichtig, denn so verpassen sie nicht, was man alles Wunderschönes zu Augen bekommen kann.

Mir wurde bewusst, dass es nicht nur meine Perspektiven sind, die mich erfüllen können, sondern auch die Menschen.

Die Menschen sind die, die mich glücklich machen.

Sei es ein Freund oder ein Fremder.

16.1. Perspektiven

Mir ist auch bewusst geworden, dass ich oftmals in viel zu großen Perspektiven denke.

Versuchen wir es also viel einfacher zu erklären.

Was bedeutet *„seine Perspektive verändern"*?

Perspektiven sind das, was wir sehen und wie wir etwas sehen. Wir selbst suchen uns die Perspektiven aus, denn wir selbst entscheiden, was wir sehen wollen und wie wir etwas sehen wollen.

Ich glaube aber das das jedem bewusst ist.

Wenn wir aber sagen, dass wir die Perspektive auf unser Leben und auf unser Umfeld verändern sollten, dann ist es nicht so einfach wie man es sich vorstellt.

Doch ist es berechtigt, wenn ich sage, dass es doch einfach ist?

Angenommen wir wollen Spaß haben, dann können wir uns mit etwas oder jemandem beschäftigen, wo wir Spaß empfinden.

Wenn wir traurig sein wollen, können wir traurige Musik hören, um traurig zu werden. Oft hören wir erst die traurige Melodie und *dann* werden wir traurig, ob wir dies wollen oder nicht.

Jetzt wohl das Wichtigste, das zu verstehen sein muss.

Wir selbst suchen uns auch aus, wie wir uns eine Frage stellen.

Wenn wir früh morgens aufstehen, sagen wir nicht
„Was möchte ich heute alles tun?", sondern
„Was muss ich heute alles tun?"

Es ist so einfach, wenn wir die Fragen nicht auf das *müssen*, sondern auf ein *wollen* umändern.

Wenn wir etwas tun müssen, dann denken wir den ganzen Tag darüber nach, was wir heute noch alles tun müssen und wie schnell wir dies tun müssen. Wir müssen diese Dinge schnell und ordentlich tun, um für die Dinge Zeit zu haben, die wir eigentlich gerne machen wollen. Das *muss* und das *wollen* ist in jedem Alltag vorhanden, doch wir müssen das *wollen* bevorzugen, um OK mit der Tatsache zu sein, dass wir heute noch etwas tun *müssen*.

Wenn wir mit der Frage, was wir heute alles tun möchten, als erstes in den Tag starten, dann wird man eine überaus große Leidenschaft dabei empfinden, all das herauszufinden, was einen erstmal nur für 24 Stunden glücklich macht.

Wenn wir die Fragen verändern, wird darauf die Perspektive folgen, die sich dann von selbst vergrößern wird.
Glaubt mir, wenn ich sage, dass sich dadurch das Leben von Tag zu Tag erfüllter anfühlen wird.

Wir dürfen uns niemals fragen, wann es uns denn endlich besser geht. Wir sollten weiterhin versuchen auf der Reise zu unserem Selbst zu bleiben.
Mit der Zeit wird es kommen. Jeden Tag werden wir etwas Erfüllteres fühlen und irgendwann wird es der größte Teil sein, den wir fühlen.
Denn irgendwann wird uns bewusst, dass wir wirklich die Macher unseres Selbst sind.

16.2 Unsere engsten Mitmenschen

Oft müssen wir für andere etwas tun oder etwas tun, das für einen selbst- aber auch für andere ist.
Oft höre ich die Menschen sagen, dass sie *für* ihren Chef arbeiten. Das ist zwar in gewisser Hinsicht auch richtig, doch arbeiten tun wir auch für das Geld, das wir zum Überleben brauchen. Aber was ich selten höre ist, dass man für die Zielgruppe arbeitet, für die man den Beruf ausführt. Der

Dachdecker führt seinen Beruf aus, indem er das Dach deckt, damit irgendwann ein fertiges Dach oder ein fertiges Haus entsteht. Der Dachdecker sagt nicht, dass er für diese eine Familie gern das Deck deckt, damit sie bald einen Unterschlupf haben.

Ich hoffe, man kann verstehen, was ich damit sagen möchte.

Wir sollten in unserem Beruf, für die Menschen da sein, für die wir etwas tun, damit sie etwas bekommen, wofür sie uns dann hoffentlich auch danken.

Mir ist bewusst, dass das nicht in jedem Beruf funktioniert, doch vor allem soziale- aber auch technische Berufe ermöglichen den Menschen etwas. Sie ermöglichen, dass wir durch unser Gutes tun für jemanden anderen, uns selbst auch gut fühlen können.

Wir haben jemandem geholfen, jemandem etwas ermöglicht oder jemanden betreut.

Das ist zwar eine Pflicht, die von uns verlangt wird, doch sie kann etwas sehr Positives haben.

Wir sollten uns nicht nur verpflichtet dazu fühlen, sondern auch den Wert unseres Tuns erkennen.

Ein ganz schwieriges Thema, durch meine Augen, sind die Eltern.

Unsere Eltern wollen immer nur das Gute für uns und das sollten wir schätzen. Ich glaube aber nicht, dass Eltern mit der Tatsache gut zu Recht kommen, wenn wir zeigen, dass wir gegen den Strom laufen. Wenn ich persönlich an meine Eltern denke, dann träumen sie insgeheim davon, dass sie irgendwann einmal Enkelkinder haben und das ich genug Geld weg spare, um irgendwann in einem tollen Haus leben zu können.

Es ist sehr schwierig, seinen Eltern zu erklären, dass man herausfinden möchte, was einen wirklich erfüllt und glücklich macht. Und wenn es Dinge und Menschen sind, die unsere Eltern eher nicht befürworten, dann ist das in Ordnung.

Denn auch wir müssen der Vorstellung unserer Eltern nicht entsprechen.

Wir müssen nur daran denken, dass sie sich um uns Sorgen und uns ein erfolgreiches glückliches Leben wünschen.

Und diesen Erfolg werden wir haben, wenn wir den Selbststolz empfinden. Auch wenn es vielleicht nicht der Erfolg ist, den unsere Eltern sich für uns vorstellten.

Aber wir werden stolz und glücklich sein und wenn wir es sind, dann sind es unsere Eltern auch.

Oft vergessen wir unsere Geschwister, denn sie leben ein anderes Leben und besitzen andere Freunde und dennoch sind sie immer hier.

Sie werden uns niemals verlassen, außer wenn sie sterben und selbst dann, werden sie uns niemals verlassen. Wir sollten nie vergessen, nicht nur unsere Freunde zu fragen, wie es ihnen geht, sondern auch unsere Geschwister.

Wir selbst sind die Einzigen, die sehen können wie es unseren Geschwistern geht, selbst wenn sie versuchen, es vor jedem zu verstecken.

Da auch ich einen kleinen Bruder habe, möchte ich die nächsten Zeilen dazu nutzen, ihm etwas zu sagen.

Mein kleiner Bruder Ben. Du musst wissen, dass die Weite der Welt, die du bisher gesehen hast, noch größer ist, als du es dir jemals vorstellen kannst. Dort draußen warten Abenteuer und Menschen auf dich, denen du eines Tages voller Begeisterung begegnen wirst. Du wirst die Menschen lieben und aber auch verlieren, doch ich werde dir in diesen schwierigen Zeiten beistehen. Ich werde dir zeigen, dass du dich mit neuen Werten und Perspektiven wieder hochziehen kannst. Ich werde dir diesen großen Planeten zeigen, von dem du besser weißt, dass er ein großer Spielplatz ist, denn du nutzt ihn jeden Tag.

Ich hoffe, dass wir ihn immer gemeinsam nutzen und erleben werden.

Du bist noch zu klein, um all die Werte eines Menschen verstehen zu können, doch ich werde dir von ihnen erzählen.

Ich werde versuchen, ein Vorbild zu sein und dir irgendwann beweisen, dass du deine eigene Inspiration sein kannst. Früher wollte ich immer, dass du ein Skateboarder, so wie ich wirst. Heute möchte ich nur, dass du glücklich bist und Freunde findest, die dich für dein Inneres lieben. Das du etwas Großes wirst, nur durch deine eigenen Augen. Ich sehe dir zu, wie du aufwächst und es ist ein Geschenk, dir dabei zusehen zu dürfen.

Ich verspreche dir, dass ich immer an deiner Seite stehen werde, ob in Guten- oder in Schlechten Zeiten. Ich werde dich niemals allein lassen.

Ich werde dir lernen, wie man auf dieser Erde läuft und dir hochhelfen, wenn du fällst.

Ich danke dir, dass ich durch dich verstand, dass Kinder nur das Mögliche sehen und nicht das Unmögliche.

Du scheinst das glücklichste Kind zu sein.

Du machst dir keine Gedanken, sondern greifst nach allem was Wunderschön ist, als wären es die Sterne am Himmel.

Ich liebe dich mein kleiner Freund und Bruder.

16.3 Erfolg

Wenn wir das Internet nach der Definition von Erfolg fragen, dann schreibt es, dass der Erfolg ein positives Ergebnis einer Bemühung ist.

Ein Erfolg ist meist in den Augen der Menschen, etwas wofür sie lange gearbeitet oder gelernt haben. Wir haben Erfolg, wenn wir ein gutes Zeugnis, einen guten Beruf, genug Geld oder etwas Individuelleres erreicht haben. Unsere Mitmenschen, vor allem unsere Familie, sehen unseren Erfolg und sind unendlich stolz auf uns. Dies gibt auch uns ein positives Gefühl, denn wir konnten jemand, durch unsere eigene Selbstwirksamkeit, stolz machen.
Nur von paar Menschen, denen ich begegnete, hörte ich, dass sie auch auf sich selbst sehr stolz sind. Wenn wir es auf ein Zeugnis beziehen, dann hört man öfters, dass es noch besser hätte sein können, doch das ist in Ordnung.
Ich glaube, dass wir Menschen, uns nicht so sehr mit dem Selbststolz anfreunden können.

Ich habe mich gefragt, ob man denn auch Erfolg haben kann, ohne große Bemühung. Und die Antwort darauf ist ein eindeutiges *„Ja können wir."*

Wir selbst können uns einen einzigen Erfolg vornehmen, den wir nicht nur einmal erleben, sondern sogar vielleicht jeden Tag.

Wir können dem Erfolg jedem Tag so nahestehen, dass er sich täglich wie das meist befreiende und zufriedenste Gefühl anfühlt.

Es ist wichtig, dass man sich nur einen Erfolg vornimmt, den man erleben möchte. Wenn wir uns nämlich täglich tausend Dinge vornehmen, woraus wir einen Erfolg ziehen könnten, dann enttäuscht es uns umso mehr, wenn wir diese Dinge nicht erreichen konnten.

Ein bekannter Schriftsteller sagte einmal, dass sein persönlicher Erfolg daraus bestehe, dass er die authentischste Version seines Selbst ist und das jeden Tag.

Ich habe mich lange gefragt, was mein, nur für mich, persönlicher Erfolg ist. Einen Erfolg, der nur mich stolz macht, wenn ich ihn erreicht habe.

Ich glaube, dass meine Definition von Erfolg etwas sehr Kleines ist, was dennoch sehr viel in mir bewirkt.

Meine Definition von Erfolg ist es, dass ich jeden Abend einschlafe und es kaum erwarten kann, am nächsten Tag wieder aufzuwachen, um all die Dinge zu tun, die mich glücklich machen. Und am meisten glücklich macht es mich, wenn ich anderen

Menschen etwas Gutes tun konnte, während ich für mich selbst auch etwas Gutes tat.

Das ist vor allem auf meinen Beruf bezogen

Ich glaube, dass dies meine Definition von Erfolg ist.

Was ist dein, nur für dich, persönlicher Erfolg?

16.4 Das Eigentliche

Man verliert ständig den Blick auf das Eigentliche. Doch, was ist das Eigentliche?

Meine Mutter sagte damals zu mir als ich noch zur Schule ging, dass ich nicht den Blick auf das Eigentliche verlieren soll. Damit waren die Pflichten in der Schule gemeint.

Ist das das Eigentliche? Ist das Eigentliche etwas, das wir machen sollten, damit wir eines Tages erfolgreich sind?

Für jeden sollte das Eigentliche etwas Individuelles sein und nichts, was uns vorgeschrieben wird und das wir ja nicht aus den Augen verlieren sollten.

Durch meine Augen ist das Eigentliche die große bunte Welt, die uns Faszinierendes ermöglicht.

Ich selbst sah mich irgendwann nicht mehr nur als jemand an, der halt eben hier auf der Erde lebt.

Es wurde klarer.

Ich bin hier, um großes zu bewirken. Ich bin hier, um den Kopf gerade zu halten und alles wahrzunehmen, was mir das Leben und die Welt schenken möchte.

Wir dürfen niemals *dieses Eigentliche* aus den Augen verlieren, dass uns ermöglicht, Geld zu besitzen und gesund zu sein.

Das dürfen wir niemals, denn es ist wichtig, dass wir auch hin und wieder den Pflichten folgen.

Doch wir sollten nichts tun und niemand sein, **nur** weil es irgendwie vorgeschrieben oder von uns erwartet wird.

16.5 Frei sein

Wenn wir von Freiheit reden, wird das oft mit der politischen Freiheit verknüpft.

Ich gehöre mit zu den Menschen, die zur politischen Freiheit gehören. Doch selbst diese bestimmte Freiheit, wird nicht von uns selbst entschieden.

Die Kunst ist, selbst herauszufinden, wo man ein Gefühl des Friedens und ein Moment der Freiheit empfindet.

16.6 Der Aufzug

Wir laufen immer schneller und alles wird immer schneller. Die Eile der Menschheit wird sich nie verlangsamen.

Jedes Mal, wenn ich in einem Aufzug stehe, habe ich das Gefühl, dass dort nichts herrscht, außer die Stille. Selbst wenn Menschen mit mir im Aufzug sind, besteht die Ruhe, auch wenn die Gedanken uns lauter vorkommen.
Wir können aus dem Aufzug nicht raus. Wir hören nichts außer die Stille, die bedrückend leise sein kann. Wir wollen die Ruhe vielleicht nicht zulassen, doch es bleibt uns keine andere Möglichkeit.
Es ist ein Moment des Innehaltens und des Durchatmens. Doch wie schön kann es sein, nur für einen Moment langsamer zu leben. Nur für einen Moment nichts zu sagen, nichts zu tun, nichts zu hören und nichts zu sein.

Wir sind nur in einem Aufzug und *warten* darauf, *wieder raus zu können.*

16.7 Zukunft

Ich weiß nicht was die Zukunft bringen wird. Sei es auf mich selbst oder auf unsere Erde bezogen.
Mir scheint es oft so, als sei das Leben gar nicht kurz, sondern unendlich lange, doch das liegt jedoch wieder im Auge des Betrachters.

Ich habe sehr Angst davor, irgendwann mal nicht mehr so zu sein, wie ich heute bin. Ich habe Angst davor, dass das Leben, das ich für immer leben möchte, kein für immer haben wird.
Es ist nicht mein einziger Wunsch eine Familie zu gründen, ein Haus und ein tolles Auto zu besitzen.
Es ist keine Vorstellung, die mich wirklich glücklich macht, wenn ich darüber nachdenke.
Es ist einfach nur eine sehr schöne Vorstellung.
Ich hoffe, dass ich dadurch kein schlechter Mensch bin.
Wenn jedoch der Tag kommen wird, indem ich genau das alles habe, weiß ich, dass ich nicht mehr das Leben lebe, dass ich zuvor lebte.
Ich habe zwar keine Angst davor, eines Tages von etwas abhängig zu sein, doch ich habe Angst davor, dass irgendwann Menschen von mir abhängig sind.
Mein Kind, mein Mann oder meine Eltern. Denn dann, darf ich nicht sein und tun, was ich möchte,

sondern muss für die Menschen da sein, die mich brauchen. Und das werde ich auch.

Doch ich muss mich mit dieser Erkenntnis noch etwas mehr anfreunden.

Wir haben oft Angst vor der Zukunft, denn sie erscheint uns, als sei es das Entscheidende.

Jede Pflicht ist einmal für unsere Zukunft und jedes gesetzte Ziel wollen wir in der Zukunft erreichen.

Man meint, dass die Zukunft so weit weg liegt und das die Zukunft das Geld ist, das wir einmal besitzen werden.

Die Zukunft ist jedoch jede nächste Minute und jeder nächste Tag.

Die Zukunft ist immer zum Greifen nah.

16.8 Mit anderen Augen

Wenn man nachts in den Himmel blickt, sieht man die Sterne auf den ersten Blick nicht.

Man muss genauer *hinsehen*, um sie funkeln zu sehen.

Mit anderen Augen am selben Ort

Ich bewegte mich in Zeitlupentempo durch München fort und ließ die Atmosphäre auf mich wirken, als wäre es etwas, dem ich noch nie begegnete.

Mein Handy war auf stumm geschaltet und ich hörte nichts mehr, was mich vom Eigentlichen ablenkte. Meine Blicke schweiften von rechts nach links und hingen sich immer wieder bei kleinen idyllischen Läden, Antiquitäten, und Cafe`s auf. Es war nicht das erste Mal, dass ich die Schellingstraße runterlief. Es war auch nicht das zweite Mal. Es war das erste Mal, dass ich genau hinsah, was sich um mich herum befand.
Es war das erste Mal mit anderen Augen.

Auf meinen Lippen formte sich dauerhaft ein schmunzelndes Grinsen. Es war, als wäre ich in einer anderen Stadt am anderen Ende der Welt und würde erst jetzt die wundervollen Ecken der Stadt erkennen.
Ist es München oder die Menschen, die sich hinter den altmodischen Bauten verstecken und ihren Interessen folgen?
Ich denke, es ist von beidem etwas dabei. Ich hatte die Augen mein Leben lang offen und öffnete sie erst jetzt am selben Ort, den ich durch die Arbeit täglich besuche.

Vor mir schlenderten zwei ältere Damen vor sich her und unterhielten sich. Wie faszinierend es ist, Menschen unauffällig zuzuhören, die sich über die uninteressantesten bis zu den interessantesten

Themen unterhalten. Der starke Parfümen-Duft der Frauen erreichte meinen Geruchssinn. Roch es nach Lavendel oder doch nach Vanille? Ich weiß es nicht genau, doch es war der Geruch von etwas Neuem. Von etwas was mir fremd war. Ihre Kleidung war modisch und vielleicht sogar etwas zu nobel. Ihre Muttersprache Deutsch, aber ein Deutsch wie sie es aussprachen. Ich steckte meine Hände in meine Jackentaschen, passte einmal nicht auf und wurde fast von dem unerwarteten Halten der Damen zum auffallenden Täter eines Zusammenstoßes. Sie blieben vor einer Boutique stehen und betrachteten ein Kleid, das groß im Schaufenster ausgestellt war. Ich hielt mich unauffällig im Hintergrund auf und blickte auch hinein. Es war ein sehr schönes Kleid. Ich grinste und fragte mich unter dem Weitergehen insgeheim, ob eine der Damen sich das Kleid kaufen würde. Es würde wunderschön aussehen an ihren Charakteren.

Der Himmel über München war frei von Wolken und entwickelte sich in lila rote Farben. Ich blieb stehen und neigte meinen Kopf nach hinten, dass ich nun einen 180 Gradwinkel-Blick in die entgegengesetzte Freiheit hatte. Wie bezaubernd die Momente sein können, die jeden Tag vor unseren Augen liegen, wenn man nur einmal Inne hält.

Die Cafes von Schwabing füllten sich allmählich und der leichtwarme Herbstabend wurde in vollen Zügen von der Menschheit genossen. Eine Stadt in Eile und Sorge verwandelte sich in eine Stadt der Zusammengehörigkeit. Menschen, die sich als Freunde ansehen, treffen sich, trinken ein Getränk nach dem anderen und stoppen alles was sie über den Tag beschäftigte.

Ich stand eine Weile einfach nur da.

Unterschiedlichste Menschen schlenderten an mir vorbei.

Oft frage ich mich dann, wohin es die Menschen im Moment zieht oder woher sie kommen.

Ich höre die Menschen. Ich sehe die Menschen. Ich sehe die Technik, die vor hundert Jahren genau an diesem Platz noch nicht vorhanden war.

Ich habe Familie. Ich habe einen Ort, den ich Zuhause nennen darf. Ich bin uneingeschränkt was meine Bewegungen in der Welt betreffen.

Ich habe keine finanziellen Probleme, sondern das Mittel, um mir das zu kaufen, was ich wirklich brauche. Ich bin ein volljähriger Mensch, dem alle Entscheidungen selbst überlassen werden.

Ich stehe an einem anderen Ort auf anderen Füßen. Ich rieche den Duft der Gerichte, die draußen vor den Restaurants sich verbreiten.

Ich höre die Menschen, die sich über ihr Leben oder über das Leben anderer unterhalten.

Ich sehe die Gesten und Mimik der Körper sich verändern. Anhand dessen lässt es mich daraus erschließen, in welchem Zustand sie sich womöglich befinden. Die Menschen lachen und sehen besorgt aus, doch das ist nicht schlimm, denn sie erzählen es jemanden, dem sie vertrauen.

Ich sehe Kinder, die an der Hand der Mutter versuchen laufen zu lernen. Ich nehme die Blicke der Mütter war. Ihr Kind versucht zu laufen. Es steht auf, fällt hin und steht wieder auf.

Die Eltern und die Entwicklung, sie lehren uns zu laufen und zu verstehen. Sie halten uns fest und bringen uns weiter. Sie halten unsere Hand, bis sie vertrauen in uns haben, loslassen und uns selbst in die weite Welt hinauslaufen lassen.

Mit beiden Beinen stehe ich auf der Erdoberfläche. Mir wurde das Laufen beigebracht, doch jetzt im Moment möchte ich stehen bleiben und Inne halten. Über den nächsten Schritt kann ich selbst entscheiden, denn dazu wurde ich erschaffen.

Wo gehe ich als nächstes hin? Ich habe den Moment wahrgenommen.

Wo jetzt hin.

In welche Himmelsrichtung soll ich als nächstes gehen? Norden, Osten, Süden oder Westen?
Was ist mit den Richtungen dazwischen?
Mir fällt auf, es ist egal wo ich hingehe, denn auch die Richtung zwischen Süden und Westen wird als Südwest bezeichnet.
Es gibt ihn zwar, den Kompass, doch ich muss mich nicht nach dem Kompass richten.
Ich kann mein eigener Kompass sein.

Gerade noch war ich ein Teil inmitten der Menschen. Ich war ein Mitglied des Stroms. Oft macht es mich unendlich glücklich ein Teil des Trubels der Menschheit sein zu dürfen.

Gerade noch war ich Beobachter und Aufnehmer von allen Reizen, die sich um mich herum abspielten.
Nun liege ich in der grünen perfekt gemähten Wiese vor der Pinakothek. Nun sehe ich alles aus der Ferne und obwohl es mir erscheint als würde sich alles weiterweg bewegen, fühlt es sich an, als wäre ich immer noch inmitten des Rudels.
Ich schalte ab, öffne die Augen erneut und folge den Strahlen der Sonne. Ganz kurz höre ich Jugendliche an mir vorbeigehen, die sich gegenseitig schubsen und kraftvolle Wörter um sich werfen.

Ich grinse und denke mir, wie schön es ist, entscheiden zu können, bei wem und was ich mitreden möchte.

Der Himmel über München ist immer noch genauso lila allein, als der Himmel über München lila war unter Menschen.
Es bleibt.
Über mir nimmt alles seinen Lauf und die Wolken bewegen sich genauso schnell, wie wenn ich nicht genauer hinsehe.
Es bleibt.
Das oben kann ich nicht steuern.
Aber mein Selbst kann ich steuern.
Immer und überall.

16.9

Wir alle haben Träume und Wünsche, die uns immer im Herzen behalten sind. Wir warten darauf bis sich all diese Vorstellungen erfüllen. Träume sind oft nichts weiteres als Wünsche oder vergangene Geschehen.

Wir können unseren Träumen und Wünschen folgen. Das können wir.

Nichts ist eine Illusion, wenn wir genau wissen, was unser Traum oder unser Wunsch ist. Oft ist es so, wenn wir im Urlaub sind und die Zeit dort in vollen Zügen genießen, dass wir sagen, dass wir bald wieder zurück in das *reale Leben* müssen.

Der Urlaub, die Reise oder aber auch die schöne Zeit in einem fernen Land ist die Wirklichkeit. Man kann sie spüren, erleben und danach greifen.

Alles ist die Realität.

Die Art wie wir leben, die Umgebung, alles was wir tun, all das, ist die Realität, die wir uns aussuchen.

Alles kann die Realität sein.

Wenn wir herausgefunden haben, was wir alles nicht möchten, können wir genauso herausfinden, was wir alles möchten.

Und dies alles wird der Realität entsprechen, denn wir können sie sehen, spüren, hören und danach greifen.

Wir dürfen nicht darauf warten, bis sich unser Leben endlich verändern.

Das Leben ist nur ein Zustand, indem wir sind, doch diesen Zustand können wir so intensiv, wie nur möglich, erleben und gestalten.

Es ist so, dass es auf der Welt Besserwisser und Macher gibt. Besserwisser wollen anderen Menschen immer irgendwie vorschreiben, was sie besser machen sollten. Sie reden und reden und selbst setzen sie nur wenig um. Nur selten erreichen die Besserwisser etwas. Und wenn sie etwas erreichen, dann entspricht es nicht ihrer konkreten Vorstellung von Erfolg.

Doch wir alle können Macher sein. Wir können das, was wir denken, umsetzen. Wir werden es erreichen, wenn wir fest an uns selbst- und daran glauben. Wir können uns weit entfernen von all den Besserwissern, denn sie alle werden unsere Träume verändern wollen.

Wir können dem besten Umfeld begegnen, wenn wir wissen, was wir möchten. Dieses Umfeld und diese dortbehaltenden Menschen werden uns mit auf unserer Reise zum erfüllenden Leben begleiten. Sie werden sehen was wir sind und was wir möchten und manche von ihnen werden uns dabei helfen, dem zu begegnen, was wir uns erwünschen.

All unsere Mitmenschen werden an unserem Erfolg beitragen, wenn wir sie auch zulassen. All die

Menschen, bei denen wir Zweifel haben, werden versuchen uns wieder mit in den Strom zu ziehen.

Die Menschen, die wir lieben, werden uns immer auf dieser Reise begleiten, so wie wir sie dabei begleiten werden.

Selbst wenn man der Einzelgänger, der allein mit der Welt an seiner Seite glücklich ist, muss man den Menschen, die man liebt, zeigen und sagen, dass man sie liebt, auch wenn man sich selten blicken lässt.

Wir werden niemals allein sein, wenn wir unsere Engsten nicht vergessen. Wir können uns immer aussuchen, wann wir allein gehen möchten und wann wir mit jemandem sein wollen.

Es kann auch sein, dass wir nur einem Menschen begegnen, der uns dabei begleiten möchte. Er wird uns beistehen und uns Mut geben. Wir müssen ihn nicht sehen, denn es reicht, wenn man weiß, dass man zueinandersteht. Er wird da sein, ob in unseren Höhen oder in unseren Tiefen.

Er soll niemals unser Lastträger sein, sondern nur der Zuhörer.

Und wenn dieser Mensch uns vieles gegeben hat, um unserem Erfolg näher zu kommen, dürfen wir niemals vergessen, ihm dafür zu danken und etwas zurückzugeben.

Nehmt diesen Menschen mit auf eure Reise durch das Leben. Zeigt ihm, was ihr alles seht, fühlt, denkt und erkannt habt.

Zeigt ihm wie groß eure Perspektiven geworden sind und wie sehr sich euer Leben dadurch jeden Tag verbessert.

Ihr werdet erkennen, dass ihr nicht darauf gewartet habt, bis sich euer Leben endlich verändert, sondern dass ihr es selbst verändert habt.

Ihr wart die Macher und werdet es immer sein wollen.

Lernt Menschen anzunehmen, sei es ein Fremder oder ein Freund, denn auch der Freund war einmal ein Fremder.

Habt keine Angst davor nach Hilfe oder Rat zu bitten. Ihr werdet bekommen, was ihr braucht.

Das ganze Leben besteht aus Erfahrungen und Lehren. Wir müssen unsere Erfahrungen nicht machen, indem wir auf Partys getestet haben, wie viel wir vertragen, um am nächsten Tag von den Eltern zu hören: *„Tja du musst deine Erfahrungen halt noch machen.*

Erfahrungen sind alles. Jeder Moment, indem wir etwas wahrnehmen, ist eine Erfahrung, eine Neuigkeit oder aber auch eine Lehre. Das Leben besteht nur aus Erfahrungen und wir selbst können aussuchen, welche Erfahrungen es sein sollen.

Die Frage wird kommen. Die Frage, wieso ich über die Liebe unter Menschen am Ende berichtet habe.

Das Leben sollte nicht erst beginnen, wenn wir uns, durch einen anderen, voller Geborgenheit und Liebe fühlen. Wir haben es in der Hand genau jetzt zu versuchen unser Leben mit Farben, Geborgenheit, Freiheiten, Höhen und Tiefen zu gestalten.

Wir selbst können alles tun und alles sein.

All das können wir aber nur, wenn wir das Bewusstsein darüber erlangen und andere Menschen damit nicht schaden.

Alles was wir tun und sind, sollten wir mit voller Leidenschaft ausführen.

Wir selbst sind die Künstler und Kunst ist reine Interpretationssache. Wenn wir uns als die Künstler unseres Lebens ansehen, dann können wir unser Leben auch so anmalen, wie wir es als *erfüllt* ansehen.

Wir selbst sind die Schriftsteller unseres Lebens.

Stellt euch die Frage: *„Wessen Leben lebe ich?*

Wenn ihr dann antwortet: *„mein Leben"*, dann stellt euch diese Frage noch einmal.

Sobald ihr diese Frage mit nur etwas Grinsen, Zufriedenheit, Glückseligkeit und Vollkommenheit beantwortet,

dann lebt ihr *euer Leben*.

Und das wird euch sehr glücklich machen.

DANKSAGUNG

Mein persönlicher Erfolg ist nicht, dass ich mit dem Buch groß rauskomme. Ich habe meinen Erfolg schon erlebt. Dieses Buch zu schreiben und es mit euch zu teilen, war mein Erfolg.

Ich empfinde eine zu große Dankbarkeit.

Ich möchte mich bei jedem einzelnen Menschen bedanken, der ein Teil meines Lebens ist und ein Teil meines Lebens war. Jeder von euch umarmte oder begrüßte mich einmal. Mit jedem von euch musste ich lachen oder aber auch weinen.

Ihr alle habt mich wahrgenommen, so wie ich euch wahrnahm und das ist, in meinen Augen, Goldwert.

Mein besonderer Dank geht an meine Eltern.

Ihr habt mir ermöglicht, ein Teil dieses großen vielfältigen Planeten zu sein.

Danke an meine zwei Vertrauenspersonen. Ihr seid ein Versprechen, das ich mir für mein Leben gab.

Danke an meine Freunde Myriam und Jule. Ihr habt mein Buch mit Farbe und Zeichnungen gefüllt.

Danke an die Kinder in meiner Arbeit. Ihr lässt mich immer etwas fühlen, selbst wenn ich denke, nichts mehr fühlen zu können.

Danke an meine Person. Du wirst immer mein Geheimnis und der Grund dieses Buchs sein.

Ich danke euch allen von ganzem Herzen.

@g.i.n.aa

Bilder von:
    @therewasntanynames
    @_jule_.h